나만 알고 싶은
창업 끝판왕

박준형 | 김가현 | 박소라 | 윤상수 | 이광수 | 이지나 | 이진영 | 정은효 **지음**

정동완 | 이진숙 **기획**

박영story

책을 펴내며

교실에서, '창업'이라는 모험이 시작되다.

"선생님, 이 문제 그냥 지나치면 안 될 것 같아요.
우리가 바꿔보면 안 될까요?"

교실 한쪽에서 들려온 이 말 한마디가, 이 책의 시작이었습니다. 아주 사소하지만 분명한 불편함 속에서, 아이들은 직접 움직이기 시작했습니다. 그 눈빛은 단순한 호기심이 아니라 세상을 바꾸고 싶은 도전이었고, 바로 거기에서 '창업'은 시작됐습니다. 그 순간, '**창업**'이라는 단어는 더 이상 낯설고 거창한 것이 아닌, 아이들의 일상과 아주 밀접한 말로 다가오기 시작했습니다.

지금 우리는 전례 없이 빠르게 변화하는 사회 속에 살고 있습니다. 기후위기, 인공지능, 디지털 격차, 지역 불균형 등 우리 아이들은 앞으로 훨씬 더 예측하기 어렵고, 정답 없는 세상에서 살아가야 합니다. 이런 불안정한 시대 속에서 학생들이 앞으로 가져야 할 힘은 무엇일까요?

이런 시대에 필요한 힘은 단순한 '지식'이 아닙니다. 새로운 문제를 발견하고 도전하며, 실패를 두려워하지 않고 다시 시도할 수 있는 힘이 필요합니다. 바로 '기업가정신'이라는 말로 요약할 수 있는 그 힘이야말로, 미래 교육이 길러야 할 핵심 역량입니다.

하지만 학교는 여전히 정답이 정해진 문제를 푸는 방식에 치중된 경우가 많습니다. 아이들이 직접 문제를 정의하고, 협업하며 해결책을 찾아가는 수업은 아직 드뭅니다. 기발한 아이디어보다 '틀리지 않는 답'이 더 중요하게 여겨지는 현실 속에서 학생들은 스스로 움직이고 도전하는 힘을 기를 기회를 자주 놓치고 있습니다.

학생들을 대상으로 하는 창업교육 또한 마찬가지입니다. 현재 많은 창업교육은 이론 중심, PPT 발표식, 성인 위주의 사고방식에 머물러 있습니다. 그 결과, 학생들은 창업 관련 마케팅 용어나 비즈니스 모델 캔버스(BMC)와 같은 낯선 형식 앞에서 위축되고, 창업은 '특별한 사람만 하는 일'이라는 오해 속에 갇히게 됩니다.

그래서 저희는 '이야기'를 선택했습니다. 창업을 해보라는 교사의 일방적인 업다운(Up-Down) 형식의 수업 대신 학생들이 직접 우리 주변의 문제를 찾아보고 이를 해결하기 위해 다양한 상품을 개발하는 창업 과정을 통해 성장하는 아이들의 실패와 좌절, 회복과 협업의 이야기를 담아내기로 했습니다.

이 책은 단순한 성공 스토리가 아닙니다. 창업을 좋아하는 공통점으로 만난 두 소년의 도전이 어떻게 주변의 무관심과 실수, 피드백, 그리고 사람들과의 연결을 통해 '가치 있는 일'로 변화해 갔는지를 담은 성장 이야기입니다.

이야기 속에서 독자는 세준과 민재를 만나게 될 것입니다. 그들은 완벽하지 않았습니다. 기술도 부족했고, 갈등도 많았고, 수없이 좌절했습니다. 하지만 그들은 포기하지 않고, 문제를 '내 일'로 받아들이며 조금씩 꾸준히 변화의 물결을 만들어 냈습니다.

이 책이 초등학생과 중학생에게는 "나도 할 수 있어!"라는 작은 용기를 심어주는 이야기이자, 교사와 학부모에게는 "아이들이 스스로 성장하는 교육이란 무엇인가?"를 되돌아보게 하는 질문이 되기를 바랍니다.

기업가정신은 회사를 세우는 기술이 아닌 세상을 바꾸려는 태도와 마음가짐입니다. 지금 이 시대의 교육이 놓치고 있는 그 정신을 이 작은 이야기 속에서 함께 되찾아보면 좋겠습니다. 여기, 작은 창업 이야기 하나가 시작됩니다. 그 끝은 여러분이 상상하는 것보다 더 멀리, 더 깊이 닿을 수 있습니다.

2025년 9월

저자 일동

목차

프롤로그

창업가 이안과의 만남

'오늘도 똑같구나.'

세준의 하루가 다시 시작됐다. 매일 반복되는 일상은 이제 더 이상 놀랍지도 않았다. 오히려 지루하다는 말이 더 어울릴 정도였다. 중학교 2학년인 세준은 오늘도 졸린 눈을 비비며 자연스럽게 학교로 향했다. 1교시가 시작되기도 전에, 세준은 책상에 고개를 푹 숙였다. 수업 종이 울리자마자 선생님의 목소리가 교실에 울려 퍼졌다.

"여기, 이 부분은 시험에 꼭 나옵니다. 중요한 내용이니까 암기하세요."

선생님의 단조로운 목소리가 교실을 가득 채웠다. 칠판에는 공식과 단어들이 빼곡하게 적혀 있었지만, 세준은 그곳 대신 창밖을 멍하니 바라보았다. 바람에 흔들리는 나뭇잎과 창가로 들어오는 햇살을 보며, 잠시 마음이 편안해졌다.

'시험을 보지 않으면 공부는 하지 않아도 되는 걸까? 중요한 내용은 꼭 암기해야 할까? 왜 이런 걸 외워야 하지? 시험을 위한 암기는 무슨 의미가 있을까?'

세준은 요즘 들어 이런 질문을 자주 떠올렸다. 수업은 늘 시험을 위한 내용으로 가득했고, 선생님도 "여기, 이 부분은 시험에 꼭 나옵니다. 중요한 내용이니까 암기하세요."라고 강조했다. 칠판에는 공식과 단어들이 빼곡히 적혀 있었지만, 세준의 시선은 창밖의 나뭇잎과 햇살에 머물렀다. 반복되는 일상과 시험 중심의 수업은 점점 더 지루하게 느껴졌다.

세준은 하루에도 몇 번씩 스스로에게 질문을 던졌다. 하지만 이런 생각을 친구들에게 털어놓을 때마다 돌아오는 것은 무관심과 냉소뿐이었다. 그래서 그는 점점 혼자 생각하고 질문하는 습관이 생겼다.

교실 한쪽에서는 친구들이 장난을 치며 소곤거렸다. 누군가의 등에 '바보'라고 적힌 종이를 붙이고는 킥킥거리며 웃었다. 장난을 당한 친구는 별일 아니라는 듯 웃어넘겼지만, 그 모습을 본 다른 학생은 "세준이한테나 붙여야 어울릴 것 같네."라고 말했다. 교실에는 다시 한번 웃음소리가 퍼졌고, 세준은 모른 척할 수밖에 없었다.

세준은 평소 친구들과 잘 어울리지 않았다. 오히려 '엉뚱한 애'로 여겨지는 경우가 많았다. 그는 복잡한 문제를 푸는 것보다는, 주변에서 발견한 사소한 문제들에 대해 "왜 그럴까?"를 고민하고 상상하는 것을 더 즐겼다. 수업 중에도 궁금한 점이 생기면 질문을 하곤 했다.

"선생님, 왜 이런 공식을 만들었을까요? 이걸 다른 방법으로 계산하면 더 간단해지지 않을까요?"

처음에는 선생님도 호의적이었지만, 세준의 질문이 많아지자 반응이 달라졌다.

"세준, 그런 질문은 수업 끝나고 해라. 지금은 시험에 나올 내용을 외워야 할 시간이다."

선생님은 시험이라는 무기로 세준의 질문을 미루고, 아무렇지 않게 수업을 이어갔다. 친구들은 세준의 질문에 잠시 눈길을 주다가 이내 속닥거리며 고개를 돌렸다. 몇몇은 눈을 마주치며 비웃는 표정을 짓기도 했다.

점심시간이 되면 교실은 늘 시끌벅적했다. 친구들은 삼삼오오 모여 게임 이야기를 하거나 유튜브 영상을 보며 웃고 떠들었다. 반면, 세준은 창가 쪽에 혼자 앉아 점심을 먹었다. 그의 손에는 항상 공책이나 책이 들려 있었다. 생각이 떠오르면 언제든지 기록해야 마음이 편했기 때문이다. 오늘도 세준은 연필로 종이에 무언가를 그리며 깊은 생각에 잠겼다.

'내가 할 수 있는 건 뭘까? 아직 뚜렷하게 떠오르진 않지만, 의미 있는 무언가를 꼭 해보고 싶어.'

세준의 머릿속엔 비슷한 질문들이 늘 맴돌았다. 수많은 질문 속에서도 답을 찾지 못한 채 시간은 흘러갔다.

그러던 어느 날 점심시간, 복도 게시판에 붙은 포스터가 세준의 눈에 확 들어왔다.

"성공한 창업가 서이안의 특별 강연!"

커다랗게 쓰인 문구 아래에는 자신감 넘치는 표정의 젊은 남성이 웃고 있는 사진이 있었다. '성공한 창업가?'라는 단어는 의미 있는 무언가를 하고 싶었던 세준의 호기심을 자극했다. 세준은 포스터 아래쪽을 재빨리 읽었다.

‘드림에어? AI 드론? 우리나라 최초?’ 세준은 포스터를 뚫어지게 바라봤다. 드론이라는 단어는 들어본 적 있었지만, AI와 연결된다는 점이 신기했다. 무엇보다 창업자가 겨우 21세라는 사실에 세준은 놀라지 않을 수 없었다.

‘나보다 5살밖에 많지 않은데, 벌써 회사를 세웠다고? 이런 게 정말 가능한 일일까?’

포스터를 본 뒤부터 세준의 머릿속은 창업에 대한 생각으로 가득 찼다. 평소에는 창업이 남의 일처럼 느껴졌지만, 왠지 나도 할 수 있을 것 같은 기대감이 생겼다. 반복되는 하루가 더는 지루하지 않게 느껴졌다.

‘꼭 한 번 들어보고 싶어. 내가 할 수 있는 의미 있는 일을 찾을 수 있을지도 몰라.’

세준은 다이어리에 자신이 쓸 수 있는 가장 멋진 글씨로 주말 일정을 써 넣었다.

토요일 오후, 흐린 날씨였지만 세준은 기대감에 들떠 청소년 센터로 향했다. 예상보다 많은 사람들이 모여 있는 강연장을 보자 세준은 더욱 설렜다. 강연장은 떠들썩했고, 모두가 강연에 큰 관심을 보이는 듯했다. 세준은 조용히 앞쪽 빈자리에 앉아 강연이 시작되길 기다렸다.

곧이어 무대 위로 젊고 활기찬 에너지가 느껴지는 한 남성이 등장했다. 바로 포스터에서 봤던 창업가 서이안이었다. '포스터에서 본 사람이 내 눈앞에 있다니.' 세준에게는 새로운 경험이었다. 그의 단정한 복장과 자신감 넘치는 태도는 이 자리에 모인 사람들의 시선을 단숨에 사로잡았다.

"안녕하세요, 저는 드림에어 대표 서이안입니다.
오늘 이 자리에 오신 여러분 모두 환영합니다."

서이안 창업가의 첫 인사가 끝나자 강연장은 박수로 가득 찼다. 그는 미소를 지으며 자신이 창업하게 된 계기와 과정을 이야기하기 시작했다.

"제가 처음 시작한 것은 아주 작은 발명품부터였습니다. 고등학생 시절, 친구들과 종이박스로 간단한 아두이노 키트를 만들던 것이 계기였죠. 그땐 단순히 재미로 시작했지만, 점점 더 많은 사람들이 관심을 가지게 되었고, 그것이 오늘의 드림에어로 이어졌습니다."

세준에게 이안의 이야기는 신선한 충격이었다. 평소 '내가 할 수 있을까?'라며 망설였던 세준은, 이안이 열정과 끈기로 도전했던 이야기를 들으며 작은 변화를 느꼈다.

"드론이라는 기술은 단순히 하늘을 나는 장난감이 아닙니다. AI와 결합되면 물류, 농업, 안전 관리 등 다양한 분야에서 혁신을 가져올 수 있는 강력한 도구가 됩니다."

특히 '작은 시작이 큰 변화를 만든다'라는 말이 세준의 마음을 크게 흔들었다. 강연이 진행되는 동안 그는 자신도 뭔가를 시작해보고 싶다는 열망을 느꼈다.

약 1시간 30분의 강연이 끝난 뒤, 이안은 마지막으로 참석자들에게 이렇게 말했다.

"여러분, 중요한 것은 아이디어의 크기가 아닙니다. 작은 아이디어라도, 그것이 세상을 바꿀 잠재력을 가지고 있다면 도전해볼 가치가 있습니다. 실패를 두려워하지 말고, 끊임없이 실천하며 성장해 나가세요."

세준은 이안의 마지막 말을 가슴에 새기며 강연장을 나섰다. 그의 마음속에는 새로운 도전의 불씨가 피어나고 있었다.

강연이 끝난 뒤, 사람들은 삼삼오오 무리를 지어 자리를 떠났다. 그러나 세준은 집으로 가지 않고 강연장 한쪽에 조용히 남아 있었다. 이안은 몇몇 학생들과 이야기를 나누며 여전히 바쁘게 움직이고 있었다. 세준은 가슴이 두근거렸다. '말을 걸어야 할까? 그냥 돌아갈까?' 머릿속에서 망설임이 반복됐다. 하지만 강연 내내 이안이 보여준 진지한 태도와 따뜻한 미소는 세준에게 엄청난 용기를 주었다.

마침 이안이 혼자 잠시 물을 마시며 쉬는 모습이 보였다. 세준은 심호흡을 하고 조심스럽게 다가갔다.

"안녕하세요, 이안님. 강연 정말 잘 들었습니다."

세준의 목소리는 조금 떨렸지만, 이안은 환하게 웃으며 고개를 끄덕였다.

"아, 고마워요! 어땠나요? 강의는 재미있게 들었나요?"

"네, 정말 흥미로웠어요. 사실 AI 드론 같은 기술이 이렇게 많은 일을 할 수 있다는 걸 몰랐거든요. 그리고 저와 나이 차이가 별로 나지 않는 분이 이런 걸 하셨다는 게 정말 놀라웠어요."

이안은 고개를 끄덕이며 말했다.

"그런 이야기를 들으니 기쁘네요. AI와 드론은 지금 세상을 바꾸고 있는 기술 중 하나예요. 이걸 활용하면 사람들의 삶을 더 편리하고 안전하게 만들 수 있죠. 저도 '누군가를 위해 무엇을 만들면 좋을까?'라는 작은 생각에서 시작했어요. 뭔가를 시작하려면 큰 결심이 필요해 보이지만, 사실 중요한 건 아주 작은 것이라도 직접 행동해보는 거예요. 저 역시 고등학생 때 작은 발명 키트를 만들면서 시작했답니다."

세준은 조금 더 용기를 내어 물었다.

"그래도… 저 같은 평범한 학생도 창업을 할 수 있을까요? 저는 특별히 잘하는 것도 없고, 뭘 해야 할지도 모르겠어요."

이안은 미소를 지으며 세준의 눈을 바라보았다.

"세준 학생, 제가 강연에서 했던 이야기를 기억해보세요. 시작이 작아도 괜찮아요. '뭘 해야 할지 모르겠다'라는 생각도 출발점이 될 수 있어요. 저도 창업을 시작할 때는 아무것도 몰랐어요. 그냥 재미로 시작했죠. 그런데 직접 해보니 배울 게 정말 많더라고요. 실패도 해봤고, 그 과정에서 더 많이 배웠어요."

세준은 이안의 이야기에 용기를 얻은 듯 고개를 끄덕였다.

"그럼 제가 뭔가 떠올리기만 하면 시작해도 되는 걸까요?"

이안은 다시 고개를 끄덕이며 말했다.

"맞아요. 그리고 더 중요한 건 모든 일을 혼자 하려고 하지 않는 거예요. 혼자서 하다가 힘든 일이 있을 때, 누군가의 도움을 받으면 일은 훨씬 수월해요. 저도 멘토를 만난 경험이 지금의 저를 만들었거든요. 멘토는 혼자서는 보지 못했던 길을 열어줄 수 있답니다."

세준은 이안이 자신을 믿어주는 듯한 말을 듣고 마음이 따뜻해졌다. 세준은 한 가지 더 물었다.

"그런데 창업이란 정확히 무엇인가요? 왜 그렇게 중요한 걸까요?"

이안은 잠시 생각에 잠긴 뒤 차분한 목소리로 대답했다.

"창업은 간단히 말하면 '새로운 가치를 만드는 일'이에요. 우리가 일상에서 불편하거나 부족하다고 느끼는 문제를 해결하는 방법을 만들어내는 거죠. 예를 들어, 제가 처음 만든 발명 키트는 친구들이 더 쉽게 창의력을 키울 수 있도록 돕는 도구였어요. 창업의 가치는 단순히 돈을 버는 걸 넘어서, 사람들의 삶을 더 나아지게 만드는 데 있어요."

세준은 고개를 끄덕이며 다시 질문했다.

"그럼 왜 학생 때 창업하는 것이 더 좋다고 하셨던 걸까요?"

이안은 미소를 지으며 설명했다.

"좋은 질문이에요. 학생 때는 실패해도 부담이 적어요. 사업을 망설이는 이유는 '실패하면 어떻게 하지?'라는 두려움 때문이죠. 하지만 학생 때 도전한 창업은, 만약 사업이 잘 안 되어도 여러분에게는 여전히 배울 시간이 남아 있어요. 실패는 때로 성공보다 더 많은 걸 가르쳐줄 때가 많아요. 그리고 창업은 단순히 기술이나 아이디어를 넘어, 문제를 해결하는 능력을 기르고, 어떤 상황에서도 새로운 기회를 만들어내는 방법을 배울 수 있는 최고의 과정이에요."

이안은 세준의 어깨를 가볍게 두드리며 덧붙였다.

"무엇보다 중요한 건, 세상에 변화를 만들고 싶다는 마음이에요. 창업은 그 마음에서 시작됩니다. 꼭 대단한 기술이 아니어도 괜찮아요. 작고 사소한 아이디어도 큰 변화를 만들 수 있습니다."

세준은 이안의 말을 들으며 마음속에 작지만 분명한 열망이 싹트는 것을 느꼈다.

'작고 사소한 아이디어라…. 나도 시작할 수 있을까?'

이안은 마지막으로 이렇게 말했다.

"혹시 창업에 대해 더 궁금한 점이 있거나, 뭔가 떠오르는 아이디어가 있다면 언제든지 연락주세요. 제가 세준 학생의 멘토가 되어줄게요."

세준은 이안에게 감사를 전하며 강연장을 나섰다. 오늘 이안과 나눈 대화는 그의 마음속에 커다란 변화의 씨앗을 심어주었다. 그는 처음으로 자신의 삶에서 무엇인가를 시작해보고 싶다는 열망을 느꼈다. '작은 시작이 큰 변화를 만들 수 있다'라는 이안의 말을 떠올릴 때마다 세준의 가슴이 뜨거워졌다.

이안과의 짧은 대화가 끝난 뒤에도 그의 말들이 계속 세준의 머릿속에 맴돌았다. 집으로 돌아오는 길에도 예외는 아니었다. 세준은 이안이 이야기했던 "작은 시작이 큰 변화를 만든다"라는 말을 곱씹었다.

'나도 뭔가 해볼 수 있을까?
아직 뭐가 될지 모르겠지만, 지금처럼 지내는 것보다는 나을 거야.
아니, 어쩌면 꽤 재미있을지도 몰라.'

평소라면 산책을 끝낸 뒤 강아지와 놀거나, 인터넷에서 시간을 보냈을 세준이었다. 그러나 오늘은 달랐다. 그는 자신의 책상에 앉아 공책을 꺼냈다. 이안이 강연에서 말했던 것처럼 작은 시작이라도 해보기로 결심한 것이다.

세준은 처음에는 어떻게 시작해야 할지 몰라 한참을 펜을 들고 고민했다. 그러다 이안이 강연에서 했던 말이 떠올랐다.

"처음에는 작게 시작하세요.
우리 주변에도 생각보다 불편하거나 아쉬운 부분들이 많아요.
우리 주변에 불편한 점, 부족한 점에는 어떤 것들이 있을까요?
그럼 그걸 해결하기 위해서는 어떻게 하면 좋을까요?
그걸 해결하려고 하는 첫걸음에서부터
아이디어는 자연스럽게 나옵니다."

그 말에 힌트를 얻은 세준은 주변을 천천히 살펴보기 시작했다. 그는 공책 첫 장에 이렇게 적었다.

“내가 느낀 불편한 점, 해결하고 싶은 문제들.”

첫 번째로 떠오른 것은 학교에서의 일상이었다.

“왜 교과서에는 이렇게 많은 내용을 외워야만 하는 걸까? 더 재미있게 배우는 방법은 없을까?”

그는 친구들이 점심시간마다 스마트폰을 붙들고 게임 이야기를 하는 모습을 떠올렸다.

“게임처럼 재미있게 공부할 수 있는 도구가 있으면 좋겠는데…”

다음으로는 집에서의 경험이 떠올랐다.

“강아지 산책할 때, 자동으로 강아지 목줄을 조절해 주는 도구가 있으면 어떨까? 손으로 줄을 감았다 풀었다 하는 것도 꽤 번거롭잖아.”

또다시 아이디어를 적어 내려갔다. 조금 엉뚱한 생각도 적었다.

“내가 좋아하는 드론을 이용해 뭐 재미있는 걸 만들 수 없을까? 예를 들면, 드론이 강아지와 함께 산책을 도와준다든지?”

그가 적은 글들은 아직 구체적이지 않았지만, 세준은 점점 흥미를 느끼기 시작했다. 그는 생각이 떠오르는 대로 적어나갔다. 평소라면 인터넷을 하며 시간을 흘려보냈겠지만, 오늘은 공책에 적힌 아이디어들을 보는 것만으로도 설레는 기분이 들었다.

‘어쩌면 이게 내 삶을 바꿀지도 몰라. 오늘은 이 정도면 충분한 시작이야.’

세준은 공책을 덮으며 조용히 미소를 지었다. 창업이라는 단어는 여전히 낯설었지만, 그가 지금까지 느껴보지 못했던 새로운 에너지가 마음속에 자리 잡고 있었다.

세준은 침대에 누워서도 계속 새로운 아이디어를 떠올렸다. '내일 학교에서 친구들에게 물어보면 어떨까? 이 중에서 재미있다고 생각하는 게 있을지도 몰라.'

그는 스스로에게 약속했다. '비록 실패하더라도, 원하는 대로 결과가 나오지 않더라도 실망하거나 속상해하지 말자. 내일은 오늘보다 조금 더 나아질 거야.'

그날 밤, 세준은 오랜만에 설렘을 느끼며 깊은 잠에 빠져들었다.

며칠 후, 세준은 이안과 다시 만났다. 이안이 소개한 창업 워크숍에 참여하기로 결심한 세준이었다. 이 워크숍은 "대한민국 청소년 창업경진대회" 준비 과정의 일환으로 열리는 행사였다.

처음에는 약간 망설였지만, 이안과 다시 만날 기회가 생겼다는 생각에 세준은 설렘과 긴장감을 안고 청소년 센터로 향했다. 워크숍 장소는 이안과 처음 만날 때처럼 많은 사람들의 열정으로 가득 차 있었다. 다양한 아이디어를 가진 학생들이 서로 이야기를 나누며 분주히 움직이고 있었다.

세준은 조용히 강연장에 들어섰다. 강연이 끝난 뒤, 그는 이안을 향해 천천히 다가갔다.

“안녕하세요, 이안님.”

세준이 머뭇거리며 인사하자, 이안이 반갑게 웃으며 그를 맞았다.

“오, 지난번 강연에서 봤던 친구네! 다시 만나서 반가워요. 창업 준비해보겠다고 결심한 거예요?”

세준은 수줍게 웃으며 말했다.

“아직은 잘 모르겠어요. 그냥 뭘 해야 할지 감도 안 잡히지만, 시작은 해보고 싶어서요. 그런데 제가 생각하는 아이디어들이 너무 평범한 것 같아요. 이런 아이디어로 잘할 수 있을지 걱정이에요.”

이안은 고개를 끄덕이며 진지한 표정으로 답했다.

“좋은 질문이에요. 그런데 꼭 특별한 아이디어여야 할 필요는 없어요. 사실 대부분의 성공한 사업들은 평범한 문제에서 출발했거든요. 중요한 건 그 문제를 얼마나 잘 해결하느냐예요. 예를 들어, 사람들이 당연하게 생각하는 불편함을 조금 더 편리하게 바꿔주는 것만으로도 충분히 좋은 아이디어가 될 수 있어요.”

세준은 고개를 끄덕이며 물었다.

“그럼 제가 생각한 아이디어들을 사람들에게 보여주고, 괜찮은지 물어보면 될까요?”

이안은 웃으며 답했다.

“맞아요! 주변 사람들에게 “이런 게 있으면 좋지 않을까?”라고 물어보세요. 그들의 의견이 당신의 아이디어를 발전시키는 데 큰 도움이 될 거예요. 또 다른 사람들의 이야기를 듣다 보면 아이디어를 새롭게 발전시킬 힌트도 얻을 수 있답니다.”

이안의 말에 세준은 뭔가를 깨달은 듯한 표정을 지었다. 그때 워크숍의 다음 세션이 시작되었다. 이번 세션은 아이디어를 구체화하고, 팀원들과 협업해 실제로 사업 계획을 만드는 실습 시간이었다.

세준은 긴장된 마음으로 조별 활동에 참여했다. 그는 비슷한 관심사를 가진 또래들과 한 팀이 되었다. 팀원들은 각자 자신의 아이디어를 발표하며 열정적으로 토론을 이어갔다. 세준도 처음에는 주저했지만, 용기를 내어 공책에 적어둔 자신의 아이디어를 꺼냈다.

“제가 생각한 건 학교에서 지루한 수업을 조금 더 재미있게 바꿀 수 있는 도구예요. 예를 들어, 수업 내용을 게임처럼 만들어서 공부를 하면서도 즐길 수 있게 하는 거죠.”

팀원 중 한 명이 눈을 반짝이며 말했다.

“와, 그거 정말 흥미로운데요? 저도 공부를 재미있게 하는 방법이 있으면 좋겠다고 생각했어요. 게임 같은 수업이라면 더 집중할 수 있을 것 같아요!”

세준은 예상치 못한 반응에 깜짝 놀랐다. 자신의 아이디어가 공감을 얻을 수 있다는 사실이 기분 좋게 느껴졌다.

또 다른 팀원이 물었다.

“근데 그걸 어떻게 구현할 수 있을까요? 구체적으로 생각해본 적 있어요?”

세준은 잠시 머뭇거리다 말했다.

“아직 구체적이지는 않지만, 예를 들어 드론을 활용한 과학 실험이나, AI가 문제를 내주고 채점해주는 시스템 같은 건 어떨까요?”

팀원들은 그의 아이디어를 더 발전시킬 방법을 함께 논의했다. 그 과정에서 세준은 자신의 생각이 점점 더 구체화되는 것을 느꼈다.

그날 워크숍은 단순한 강연이나 체험을 넘어, 세준에게 비슷한 고민을 가진 친구들과 소통하며 새로운 에너지를 얻는 소중한 시간이 되었다. 이안과의 대화뿐 아니라 같은 꿈을 가진 친구들과의 만남은 창업의 가능성을 더욱 실감하게 해주었다.

워크숍이 끝난 뒤, 이안은 세준을 다시 불러세웠다.

“오늘 정말 잘했어요. 처음 시작은 아이디어를 나누고, 다른 사람들의 피드백을 받는 것이에요. 그렇게 조금씩 발전시켜 나가면 된답니다. 앞으로도 궁금한 것이 있거나 도움이 필요하면 언제든 연락해요. 함께 고민할 수 있으니까요.”

이안의 격려에 세준은 용기를 얻었다. 그는 밝게 웃으며 대답했다.

“감사합니다! 앞으로 제가 뭘 더 할 수 있을지 열심히 고민해볼게요.”

집으로 돌아가는 길, 세준은 워크숍에서 들었던 이야기들과 팀원들의 반응을 떠올리며 설레는 마음으로 공책에 새로운 아이디어를 적었다. 이제 그는 ‘창업’이라는 단어가 조금 덜 낯설게 느껴졌다. 무엇보다, 자신도 도전할 수 있다는 믿음이 생기기 시작했다.

‘그래, 작은 아이디어라도 괜찮아. 해보는 거야. 오늘보다 내일은 조금 더 나아질 수 있을 테니까.’

세준의 일상은 완전히 달라지기 시작했다. 더 이상 학교와 집을 무의미하게 오가는 무료한 반복이 아니었다. 강연과 워크숍에서 받은 자극이 그의 머릿속에 새로운 에너지를 불어넣었다. 그는 매일 주변의 사소한 것들을 관찰하며 아이디어를 떠올리고, 그것을 작은 공책에 기록했다.

수업 시간에도 창밖을 멍하니 바라보던 세준이 아니었다. 이제는 새로운 생각들로 머릿속이 가득 찼다.

“학교에서 불편한 게 뭐가 있을까?”

“시험 문제는 왜 재미없게 느껴질까?”

“이걸 해결할 방법이 없을까?”

점심시간이면 항상 공책을 펴놓고 새로운 아이디어를 정리했다. 친구들의 대화에서도 아이디어를 얻으려고 귀를 기울였다. 평소 무심코 지나쳤던 일상 속 사소한 문제들이 이제는 창업 아이디어의 출발점으로 보이기 시작했다.

세준은 아직 부족하고 배워야 할 것도 많다는 걸 알았다. 하지만 한 가지는 확실했다.

"나는 할 수 있다!"

이제 세준은 자신감과 함께 도전의 첫걸음을 내디뎠다. 작은 시작이지만, 그 시작은 이미 그의 삶을 크게 바꾸고 있었다.

세준의 새로운 여정은 이제 막 시작되었다.

1장

좋은 아이디어의 발견, 창업의 시작!

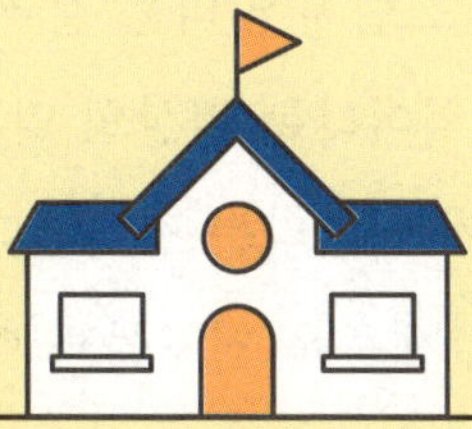

1장 좋은 아이디어의 발견, 창업의 시작!

보이지 않던 문제, 보이기 시작하다

오늘도 세준은 점심시간에 조용히 교실을 둘러보았다. 처음에는 특별한 것이 보이지 않았다. 친구들은 스마트폰을 보거나 이야기를 나누고 있었고, 몇몇은 서로 장난을 치며 웃고 떠들었다. 그러나 이 평범한 풍경 속에서 한 친구가 자꾸 눈에 들어왔다. 교실 뒤편에 앉아 매일 같은 자리에서 혼자 밥을 먹는 친구의 모습이 오늘따라 더욱 신경 쓰였다. 처음에는 무심코 지나쳤지만, 그 친구가 창밖만 바라보며 아무도 말을 걸지 않는 모습을 보고 세준은 마음이 편치 않았다.

'나도 예전에 저랬는데….'

그때 다른 쪽에서 작은 말다툼 소리가 들려왔다. 한 학생이 다른 학생의 가방을 몰래 뒤져 장난감처럼 여기는 물건을 꺼내 놀리는 모습이었다. 그 학생은 가방을 빼앗기지 않으려고 울먹였지만, 주변 학생들은 그저 웃기만 했다. 세준은 이런 장면이 새삼스럽지 않다는 걸 깨달았다. 학교폭력과 괴롭힘은 교실에서 아무렇지 않게 일어나는 일상의 일부였다. 더 큰 문제는 그것을 겪는 학생들이 도움을 청하기 어렵다는 점이었다.

점심시간이 끝나갈 무렵, 세준은 친구들과 이야기를 나눠보기로 결심했다. 그는 평소 친하게 지내는 친구들에게 조심스럽게 질문을 던졌다.

"혹시 학교에서 괴롭힘이나 왕따 같은 걸 당한 적 있어? 아니면 그런 상황을 본 적 있거나."

친구들은 처음에는 머뭇거리며 대답을 피했다. 하지만 세준이 진지한 표정으로 기다리자, 한 친구가 작은 목소리로 말했다.

"사실 그런 일은 생각보다 자주 있어. 근데 다들 말하지 않잖아. 괜히 선생님한테 알려서 더 큰일이 될까 봐 무섭기도 하고."

다른 친구도 공감하며 말을 이었다.

"맞아. 누군가 신고해도 그게 티가 나면 가해자들이 더 괴롭힐 수도 있으니까. 나도 한 번 봤는데 도와주기 어려웠어. 괜히 끼어들면 나도 당할까 봐 겁이 나더라고."

세준은 친구들의 이야기를 들으며 문제의 본질이 무엇인지 점점 더 명확하게 깨달았다. 학교폭력이나 괴롭힘이 발생해도 피해자들은 쉽게 도움을 요청하지 못하고, 주변 학생들 역시 선뜻 나서지 못한다는 점이 가장 큰 문제였다. 무엇보다 피해자가 안전하게 문제를 알릴 방법이 없다는 사실이 고민스러웠다.

1. 피해자들은 신고를 두려워한다.

- 가해자가 신고 사실을 알게 되면 보복당할까 봐 겁이 난다.
- 직접 선생님에게 말하기도 어렵고, 누구에게 도움을 청해야 할지 모르는 경우가 많다.

2. 주변 학생들도 쉽게 나서지 못한다.

- 괴롭힘을 목격한 학생들도 괜히 나섰다가 피해를 입을까 봐 방관하게 된다.

3. 학교에는 안전하게 신고하고 관리할 시스템이 부족하다.

- 현재 학교폭력 신고 절차는 복잡하고 공식적이어서 부담이 크다.
- 익명으로 문제를 알릴 안전하고 신뢰할 수 있는 방법이 없다.

세준은 공책을 꺼내 다시 한번 문제를 정리했다.

세준은 학교폭력 문제를 해결하기 위해 '학교폭력 예방 앱(APP)'이라는 아이디어를 떠올렸다. 이 앱은 피해자나 목격자가 안전하게 문제를 알리고, 도움을 받을 수 있도록 돕는 도구였다.

그는 공책을 펴고 앱에 꼭 들어가야 할 구체적인 기능을 하나씩 정리해 나갔다.

1. 익명 신고 기능

- 학생이 자신의 이름이나 정보를 밝히지 않고 학교폭력, 왕따, 괴롭힘을 신고할 수 있도록 한다.
- 신고자는 문제의 상황을 글, 사진, 혹은 음성 메시지로 기록해서 보내도록 한다.

2. 보안이 철저한 관리자 확인 시스템

- 신고 내용은 학교의 상담 선생님이나 관리자만 접근할 수 있도록 암호화된 시스템으로 관리한다.
- 신고자 정보는 완벽하게 비공개로 처리되며, 신고 사실이 가해자나 다른 학생에게 알려지지 않는다.

3. 빠른 대응 알림 기능

- 신고된 내용은 즉시 학교 관리자에게 알림이 가고, 상황에 따라 빠르게 대응할 수 있다.
- 처리 과정과 결과를 안전하게 피드백하도록 하여 신고자가 안심할 수 있도록 한다.

4. 익명 상담 채팅

- 피해자가 필요하면 앱을 통해 상담 선생님과 익명 채팅을 하며 고민을 나눌 수 있도록 한다.
- 상담 선생님은 학생의 상황에 맞춰 도움을 주고 필요한 경우 추가적인 조치를 취할 수 있다.

5. 학교폭력 예방 자료와 교육 콘텐츠 제공

- 학교폭력의 심각성과 해결 방안을 담은 교육 영상과 자료를 제공해 학생들이 스스로 문제를 예방하도록 돕는다.

아이디어에 날개를 달다!

세준은 자신의 첫 번째 창업 아이디어를 가지고 멘토인 이안에게 자문을 요청했다. 이안은 스케줄을 확인해보더니 이번 주 토요일 오전에 시간이 된다고 하였다. 세준이는 자신이 생각한 첫 번째 창업 아이디어에 대해 이야기를 나눌 생각에 잠도 제대로 잘 수 없었다. 약속된 토요일 오전, 그는 이안의 사무실을 찾아갔다. 이안은 세준을 반갑게 맞으며 물었다.

"세준 학생, 반가워요! 아이디어를 생각해봤어요? 어떤 걸 생각했는지 한 번 이야기해 주세요."

세준은 공책을 꺼내 들며 설명하기 시작했다. "학교 폭력을 예방할 수 있는 앱을 만들고 싶어요. 학생들이 익명으로 도움을 요청하거나, 친구들끼리 서로 지원할 수 있는 공간을 제공하는 앱이에요. 또한 AI를 활용해 위험 신호를 탐지하고, 즉각적인 대처 방안을 제안하면 좋을 것 같아요."

이안은 고개를 끄덕이며 관심 있게 듣고 있었다. "좋은 출발점이에요. 학교 폭력은 많은 학생들이 겪는 심각한 문제니까. 그런데 이걸 구체적으로 어떻게 구현할지 생각해봤어요?"

세준은 잠시 망설이다가 말했다. "음… 제가 생각한 것은 학생들이 학교생활 중 겪는 어려움을 간단히 기록할 수 있는 기능이에요. 그리고 AI가 기록된 데이터를 분석해서 문제가 심각하다고 판단되면 교사나 부모에게 알림을 보내는 거죠."

이안은 미소를 지으며 대답했다. "흥미롭고 필요한 아이디어에요. 하지만 아직 더 고민할 부분이 많아 보이네요. 예를 들면, 학생들이 앱을 부담 없이 사용할 수 있도록 익명성과 신뢰를 어떻게 확보할지, 그리고 데이터를 안전하게 관리할 방법도 중요할 것 같아요. 혹시 비슷한 앱이나 프로그램을 조사해본 적 있나요?"

세준은 부끄러운 표정으로 말했다. "아직은 많이 못 찾아봤어요. 제 아이디어가 좋은 것 같았는데, 이미 나와 있는 것은 아닐까 걱정도 되고요."

이안은 세준의 고민을 듣고 새로운 방법을 제안했다.

"세준 학생, 좋은 창업 아이디어를 얻기 위해서는 다양한 사례를 보고 배우는 것도 하나의 방법이 될 수 있어요. 예를 들어, 사회 문제 해결을 목표로 하는 스타트업 사례를 조사하거나, 관련 대회에 참가해보는 것도 좋은 방법이에요."

세준은 눈을 반짝이며 물었다. "관련 대회요? 어떤 것들이 있을까요?"

이안은 설명을 이어갔다. "세준 학생이 중학생인 걸 감안하면 청소년 비즈쿨(Bizcool) 창업경진대회나 교육부에서 주관하는 대한민국 청소년 창업경진대회를 추천해요. 여기서는 학교 폭력 같은 문제를 해결하려는 다양한 아이디어와 사례를 볼 수 있어요. 다른 참가자들의 프로젝트를 참고하면 너의 아이디어를 더 발전시키는 데 도움이 될 거예요."

세준은 이안의 말을 들으며 공책에 메모를 했다. "관련 대회… 꼭 참가해 보고 싶네요."

이안은 고개를 끄덕이며 말했다. "그리고 요즘에는 온라인에서도 창업

청소년 비즈쿨(Bizcool) 창업경진대회

- 주최: 중소벤처기업부, 창업진흥원
- 대상: 초·중·고 비즈쿨 참여학교 학생
- 특징: 창업동아리 활동, 아이디어 피칭, 시제품 제작 등 실전 중심의 대회

대한민국 청소년 창업경진대회

- 주최: 교육부, 한국청년기업가정신재단
- 대상: 초·중·고등학생
- 특징: 청소년의 창업가정신 함양 및 우수 창업동아리 발굴 목적

을 체험할 수 있는 플랫폼이 있어요. 혹시 YEEP이라고 들어봤어요?"

세준은 고개를 저었다. 이안은 다시 설명했다.

"YEEP(온라인창업체험 교육 플랫폼)은 창업 과정을 단계별로 체험할 수 있는 프로그램이에요. 특히 학생들이 창업 아이디어를 구상하고, 비즈니스 모델을 설계하며, 이를 실제 프로젝트로 발전시키는 데 도움을 줄 수 있는 플랫폼이라고 할 수 있죠."

세준은 흥미를 느끼며 다시 물었다. "그러면 저도 YEEP 같은 곳에서 배워보면 창업을 좀 더 구체화할 수 있겠네요."

이안은 고개를 끄덕이며 말했다. "맞아요. YEEP은 특히 전국 청소년 창업경진대회를 준비하는 데 유용해요. 아이디어를 시뮬레이션하고 사업 계획서를 작성하는 데 큰 도움이 될 거예요."

세준은 공책에 다시 메모를 하며 결심했다. "YEEP 플랫폼을 활용하여 창업 체험을 해보면서 아이디어를 조금 더 구체화해보고 괜찮다면 이번에 대한민국 청소년 창업경진대회를 목표로 준비해볼게요."

이안은 미소를 지으며 말했다. "좋아요! YEEP을 통해 가상의 창업 활동을 해보면 실전에서도 더 자신감이 생길 거예요. 체계적으로 배우고 준비하면 충분히 좋은 결과를 만들 수 있을 거예요."

세준은 이안의 조언을 바탕으로 발명전시회 수상작과 YEEP 플랫폼을 활용해 아이디어를 구체화하기로 했다. 그는 온라인에서 발명품 발표 영상을 찾아보며 다른 학생들이 어떻게 문제를 해결했는지 배우기 시작했다.

또한 YEEP 플랫폼에 가입해 온라인으로 창업 과정을 체험하며, 비즈니스 모델을 설계하고 시장 조사 방법을 배우는 실습을 이어갔다. 특히 전국 청소년 창업경진대회를 목표로 가상 창업 체험을 통해 아이디어를 실현 가능한 비즈니스 모델로 구체화하는 과정을 경험했다.

"그래, 발명전시회와 YEEP에서 배운 걸 바탕으로 다시 시작해보자. 내가 가진 아이디어도 조금씩 발전할 수 있을 거야."

세준은 더 이상 좌절하지 않고, 새로운 시각으로 문제를 바라보며 도전의 첫걸음을 내디뎠다.

변화는 시작됐다!

세준은 학교폭력 예방 앱을 개발하기로 결심한 뒤, 자신의 아이디어를 점점 더 구체화하고 발전시켜 나갔다. 그는 학교폭력 문제를 해결하기 위해 학생들, 선생님, 멘토와 함께 고민하며 실행 가능한 계획을 세워나갔다. 단순히 아이디어를 떠올리는 데 그치지 않고, 이를 현실로 만들기 위해 행동에 나선 세준의 이야기는 도전과 성장의 여정이었다.

세준은 처음 친구들에게 자신의 아이디어를 설명하며 그들의 반응을 확인했다.

"만약 이런 앱이 있다면 사용할 것 같아?"라고 조심스럽게 물었을 때, 친구들은 처음에는 약간 어색해했지만 곧 진지하게 대답하기 시작했다.

한 친구는 말했다.

"익명으로 신고할 수 있으면 정말 안전하게 느껴질 것 같아. 나 같은 상황이라면 꼭 필요할 것 같아."

다른 친구도 이에 동의하며 말했다.

"그동안은 신고하면 가해자가 알까 봐 무서워서 아예 시도조차 못 했어. 그런데 이런 시스템이라면 한 번쯤 용기를 낼 수 있을지도 몰라."

친구들의 이야기는 세준에게 큰 깨달음을 주었다. 앱의 핵심은 학생들이 두려움 없이 문제를 알릴 수 있는 환경을 만드는 것이었다. 그는 피해자가 안전하다고 느끼는 공간을 조성하고, 신고 이후에도 그들이 안심할 수 있는 시스템을 만들어야 한다는 것을 다시금 느꼈다.

며칠 뒤 국어 시간에는 사회 문제와 논리적 설득의 중요성을 배우는 수업이 진행되었다. 선생님은 학생들에게 물었다.

"어떤 사회적 문제를 해결하기 위해 논리적으로 설득해야 하는 상황이 온다면, 여러분은 어떤 접근 방식을 택하겠습니까?"

세준은 손을 들며 말했다.

"선생님, 제가 학교폭력을 예방할 수 있는 앱을 만들려고 하는데요. 만약 이 앱을 통해 신고된 데이터를 학교 측에 전달하고, 그 데이터를 설득력 있게 활용하려면 어떻게 해야 할까요?"

선생님은 흥미로워하며 질문의 의도를 물었다.

"좋은 질문이구나. 그런데 왜 그런 생각을 하게 되었니?"

세준은 솔직히 답했다.

"이번에 창업 대회를 준비하면서 아이디어를 발전시키고 있어요. 제가 개발하려는 앱이 단순히 신고만 받는 것이 아니라, 데이터를 통해 학교와 학생들이 문제를 인식하고 행동하게 만들 수 있는 도구가 되었으면 좋겠다고 생각했거든요."

선생님은 고개를 끄덕이며 데이터를 설득력 있게 전달하기 위해 필요한 과정을 설명했다.

"데이터를 통해 설득하려면 우선 그 데이터를 분석하고 해석하는 것이 중요해. 신고 데이터에서 나타나는 패턴과 그 중요성을 논리적으로 설명해야 해. 그리고 그 데이터가 학생들에게 어떤 긍정적인 변화를 가져올지를 감정적으로 전달하면 더 효과적이야."

세준은 이 조언을 들으며 데이터를 단순히 나열하는 데 그치지 않고, 이를 통해 문제를 인식시키고 설득력 있는 이야기를 만드는 방법을 고민하기 시작했다.

앱 개발 과정에서 가장 큰 고민 중 하나는 GPS 기능이었다. 세준은 GPS를 활용해 피해자 위치를 기반으로 더 빠르게 도움을 받을 수 있는 시스템을 만들고 싶었다. 하지만 GPS가 배터리를 많이 소모한다는 점이 걸림돌이었다.

과학실에서 과학 선생님을 찾아간 세준은 자신의 고민을 털어놓았다.

"선생님, 제가 학교폭력 예방 앱을 개발하려고 하는데요, GPS 기능을 추가하려고 고민 중이에요. 그런데 GPS가 배터리를 많이 소모한다고 해서요. 배터리 걱정 없이 사용할 수 있게 하려면 어떻게 해야 할까요?"

선생님은 미소를 지으며 말했다.

"정말 훌륭한 아이디어구나. GPS는 네가 말한 것처럼 배터리 소모가 큰 기능이지만, 이를 효율적으로 사용할 방법이 있어. 예를 들어, GPS를 주기적으로 업데이트하거나, 필요할 때만 켜지도록 설정하면 돼. 저전력 모드를 사용하는 방법도 있지."

세준은 선생님의 조언에 따라 앱 설계 방식을 다시 고민했다.

"그럼 기본적으로는 GPS를 꺼두고, 특정 상황에서만 켜지는 방식으로 만들면 되겠네요. 정말 도움 많이 됐어요, 선생님."

피하지 않고 나선다는 것

교무실 앞에 도착한 세준은 손에 든 파일을 꽉 쥐었다. 며칠 동안 밤새 정리한 발표 자료였다. 친구들과 함께 준비한 '학교폭력 예방 앱'의 실행 계획, 예상되는 시나리오, 보완점까지 꼼꼼히 정리했다.

"세준아, 진짜 이걸 발표하겠다고?" 민재가 뒤에서 물었다.

세준은 깊게 숨을 들이쉬고 고개를 끄덕였다. "누군가는 시작해야 하니까."

세준이는 교장실 문을 똑똑 두드리고 안에 들어가 교장 선생님께 학교에서 발생하고 있는 문제와 이를 해결하기 위해서 필요한 '학교폭력 예방 앱'의 전반적인 내용을 이야기했다. 교장 선생님 앞에서 이야기하는 거라 떨리기도 했지만 반드시 필요한 작업이기에 떨림을 감수하고 발표를 이어나갔다.

발표가 끝난 뒤, 교장선생님은 고개를 끄덕이며 말했다.

“용기 있는 제안이에요. 물론 실행까지는 논의가 필요하겠지만, 이런 생각을 하고 있다는 것 자체가 자랑스럽군요.”

발표를 마친 날 오후, 세준은 이안의 작업실로 향했다. 그는 세준을 반갑게 맞았다.

“표정이 달라졌네요. 무슨 일 있었어요?”

세준은 아직까지 떨리는 마음을 감추고 가방에서 발표 자료를 꺼내 건넸다.

“교장 선생님 앞에서, 직접 발표했어요. 이 앱이 정말 필요하다고 믿었고… 그냥 더는 미루고 싶지 않았어요.”

이안은 자료를 천천히 넘기며 말했다.

“오! 교장 선생님께 직접요? 아주 잘했어요. 이건 단순히 앱 아이디어 구상에서 그친 게 아니라, 세준 학생 본인이 직접 움직인 거네요.”

잠시 후, 이안은 페이지를 한 장 짚었다.

"여기 보면, 'AI 위험 감지 기능'이 들어가 있네요. 이건 구현이 쉽지 않을 텐데, 실제로 어떻게 할 생각이에요?"

세준은 멈칫하더니 솔직히 털어놨다.

"그 부분은 아직 조사 중이에요. 그냥 필요하다고 생각했는데, 기술적으로는 조금 막막하더라고요."

이안은 고개를 끄덕이며 조언을 덧붙였다.

"아이디어에서 '현실성'은 하나의 생명을 불어넣어주는 원동력이에요. 지금처럼 계속 부딪히고 확인해보는 습관을 기르는 게 무엇보다 중요해요. 제가 도움 줄 수 있는 개발자 분이 있다면 연결해줄게요."

세준의 눈이 반짝였다.

"감사합니다, 선생님. 이제는, 그냥 '할 수 있을까?'가 아니라 '어떻게 하면 할 수 있을까?'를 먼저 생각하게 돼요."

이안은 미소를 지었다.

"창업은 결국 사람의 태도에서 시작돼요. 그리고 세준 학생처럼 진심으로 움직이는 사람이, 세상을 조금씩 바꾸는 거예요."

창업 대회를 준비하는 과정은 단순히 아이디어를 발전시키는 데 그치지 않았다. 그것은 세준에게 자신과 세상을 바라보는 방식을 완전히 바꾸는 전환점이 되었다.

"문제를 해결하려고 고민하다 보니, 내 삶도 함께 변화했어. 이제 이런 도전을 멈추고 싶지 않아."

세준은 자신의 말을 스스로 되뇌며, 변화된 자신을 뿌듯하게 느꼈다.

멘토의 따뜻한 격려와 선생님들의 진심 어린 지지는 그의 용기를 북돋웠고, 창업이라는 목표를 넘어 삶의 의미를 찾는 길로 이끌었다. 세준은 단순히 성공적인 프로젝트를 완성하는 것보다, 일상 속 작은 문제들을 해결하며 더 나은 미래를 만들어가는 과정 자체가 중요하다는 것을 깨달았다.

"시작은 작았지만, 내가 하는 일이 누군가의 삶을 바꿀 수도 있다는 생각이 날 계속 앞으로 나아가게 만들어."

그는 더 이상 망설이지 않기로 결심했다. 일상 속에서 발견한 작은 문제들을 해결하려는 여정은 이제 세준의 새로운 삶의 방식이자, 자신을 정의하는 가장 큰 힘이 되었다.

2장

나만의 첫 사업계획서 쓰기

2장 나만의 첫 사업계획서 쓰기

아이디어에서 계획으로

세준은 이안을 알게된 후로 시간이 빠르게 지나가는 것 같았다. 시간이 흘러 세준과 이안이 만나기로 한 날이 되었다. 세준은 자신이 준비한 자료와 앱의 프로토타입을 챙기며 약간 긴장된 마음으로 카페에 들어섰다. 이안은 이미 자리에 앉아 그를 기다리고 있었다.

"세준 학생, 오랜만이에요! 아이디어는 어떻게 조금 더 구체화시켜 보았나요?"

이안은 밝게 웃으며 말했다. 세준은 고개를 끄덕이며 준비한 자료를 테이블 위에 펼쳤다.

"네, 이안님. 제가 준비한 앱의 기본 구조와 주요 기능들이에요. 익명 신고 시스템과 데이터 분석 기능은 구현 단계에 있고, 최근에는 GPS 활용 방안을 추가로 고민하고 있어요."

이안은 자료를 보며 고개를 끄덕였다.

"생각보다 많이 구체화되었군요. 신고 이후 데이터를 어떻게 활용할 생각이에요?"

세준은 자신감 있는 목소리로 설명을 이어갔다.

"학교폭력 신고 데이터를 분석해서 학교 관리자가 쉽게 이해할 수 있도록 시각화하려고 해요. 특정 시간대나 장소에서 반복적으로 문제가 발생하는 패턴을 발견하면 예방 대책을 세울 수 있을 것이라고 생각했어요. 그리고 데이터를 기반으로 학생과 교사들이 함께 대처할 수 있는 환경을 만드는 게 목표예요."

이안은 자료를 보며 감탄했다.

"세준 학생, 데이터 분석을 통한 접근 방식이 굉장히 설득력 있는데요? 이렇게 하면 학교 측에서도 세준 학생의 앱을 활용하고 싶어질 거예요. 그런데 데이터를 시각화하는 부분은 어떤 방식으로 구현할 계획이에요?"

세준은 망설임 없이 답했다.

"데이터를 그래프와 차트로 표현할 생각이에요. 학생들과 교사들이 직관적으로 문제를 이해할 수 있도록 말이에요. 추가적으로, 신고 내용을 비밀스럽게 관리하기 위한 보안 시스템도 강화해 보려구요."

이안은 자료를 보며 감탄했다.

"확실히 전보다 아이디어가 명확해졌네요. 정말 많이 고민한 흔적이 보여요."

"고민도 많았지만 의미 있는 시간이었어요." 세준은 미소를 지으며 대답했다.

목표는 왜 필요할까?

대화를 이어가던 중 이안은 사업계획서에서 중요한 질문을 던졌다.

"그럼, 이제 다음 단계로 넘어가볼까요? 세준 학생에게 있어 이 사업의 목표는 무엇인가요?"

세준은 잠시 생각하다가 답했다.

"어… 아무래도 사업을 하는 큰 이유는 이윤 창출 아닐까요?"

이안은 고개를 끄덕이며 말했다.

“그렇죠! 이윤 창출은 사업을 하는 사람이라면 당연한 목표겠죠. 하지만 나만의 명확하고 구체적인 사업 목표, 그리고 장기적인 비전 또한 필요해요.”

“그렇군요! 그럼 사업 목표를 설정할 때 어떤 부분들을 고려해야 할까요?” 세준이 물었다.

이안은 답했다.

“사업 목표는 비전을 실현하기 위한 수치적이고 구체적인 기준이라고 볼 수 있어요. 목표는 달성 여부를 평가할 수 있는 방향성을 제시하죠. 이를 통해 기업이 어떤 방향으로 나아가야 하는지 명확하게 알 수 있어요.”

세준은 생각에 잠겼다.

“그럼, 비전과 목표는 어떻게 다르죠?”

이안은 예를 들어 설명했다.

“비전은 장기적인 미래를 지향하고 영감을 주는 역할을 해요. 예를 들어, 테슬라의 비전은 ‘지속 가능한 에너지로의 전환을 가속화’하는 것이죠. 반면 목표는 그 비전을 실현하기 위한 구체적인 성과로, 예를 들어 ‘2025년까지 연간 200만 대의 전기차를 생산’하는 식으로 설정될 수 있죠. 비전과 목표는 함께 사업의 성공을 이끄는 핵심 요소라고 할 수 있어요.”

“그럼 사업 목표를 구체적으로 설정하려면 어떤 방법을 사용할 수 있을까요?” 세준이 물었다.

이안은 차분한 목소리로 말을 이었다.

“사업의 목표를 세울 때는 SMART 기법을 활용하면 좋아요. 목표가 더 명확해지고, 실행계획도 구체화되거든요.”

“SMART요?” 세준이 고개를 갸웃했다.

“네, SMART는 다섯 가지 기준의 앞 글자를 딴 거예요. 하나씩 설명해줄게요.”

알파벳	단어	의미
S	Specific	목표는 구체적으로 기록한다.
M	Measurable	목표는 측정 가능해야 한다.
A	Achievable	목표란 성취가 가능해야 한다.
R	Relevant	자신과 관계 있는 목표여야 한다.
T	Time-bound	목표 달성 시기를 정해준다.

"예를 들어, S(Specific)를 작성한다고 했을 때, 단순하게 '매출 증가'보다는 '2025년까지 매출을 20% 증가시키겠다'라는 식으로 표현하면 좋아요." 이안이 설명했다.

세준은 공책에 SMART라는 글자를 적으며 고개를 끄덕였다.

"그러니까… 단순히 '학교폭력을 줄이겠다'는 게 아니라, '6개월 안에 10개 학교에서 시범 운영을 해보고, 피드백을 받아 개선하겠다'와 같은 식으로 말이죠?"

이안은 웃으며 말했다. "맞아요! 딱 그런 식으로요."

세준은 눈빛을 반짝이며 말했다.

"그럼, 지금 제 아이디어에 SMART 기준을 적용해서 한번 정리해 볼게요. 이게 진짜 사업계획서 같은 느낌이네요."

그는 펜을 꺼내어 조용히 쓰기 시작했다.

30분이 지난 후 세준이 먼저 SMART 목표 설정 기법 결과물을 제시했다.

1. Specific(구체적)

- 학교폭력 신고 데이터를 GPS 기반으로 수집하여 피해자의 위치를 실시간으로 파악한다.
- 데이터 시각화를 통해 특정 시간대와 장소에서 반복적으로 발생하는 문제 패턴을 분석한다.
- 데이터를 바탕으로 관리자와 교사가 예방 조치를 취할 수 있도록 솔루션을 제공한다.

2. Measurable(측정 가능)

- 애플리케이션 출시 후 첫 6개월 동안 10개 이상의 학교에서 파일럿 테스트를 진행한다.
- 신고 패턴을 분석한 후 예방 대책 제시 사례를 3건 이상 도출한다.
- 사용자 만족도 조사에서 80% 이상의 긍정적 피드백을 받는 것을 목표로 설정한다.

3. Achievable(달성 가능)

- 6개월 이내 초기 프로토타입을 개발한다.
- 학교 관리자와 협력하여 데이터를 학교폭력 예방에 활용한다.

4. Relevant(관련성)

- 학교폭력 문제를 해결하려는 사회적 요구에 기여한다.
- 학교폭력 예방 및 피해자를 지원한다.

5. Time-bound(시간 제한)

- 애플리케이션 프로토타입을 6개월 이내에 완성하고, 1년 내로 정식 출시한다.
- 출시 후 3개월 이내에 초기 사용자 피드백을 기반으로 업데이트를 진행한다.

"목표가 더 명확해졌어요. 그럼 이제 SWOT 분석도 해볼 차례예요." 이안은 공책을 펼치며 말했다.

"아이디어를 실현하기 전에, 이 사업이 어떤 강점과 약점을 가지고 있는지 객관적으로 보는 연습이 필요하거든요."

세준이 고개를 끄덕였다.

"그럼 SWOT은 어떤 걸 말하나요?"

"좋은 질문이에요."

이안은 SWOT를 표로 정리하며 설명하기 시작했다.

- 강점(Strengths): 사업의 강점을 파악해 목표를 설정
- 약점(Weaknesses): 약점을 극복하기 위한 목표 수립
- 기회(Opportunities): 시장의 기회를 활용할 목표 설정
- 위협(Threats): 외부 위협에 대비한 목표 수립

	S (강점)	W (약점)
	SO 전략	WO 전략
O (기회)	• 서비스와 자체 콘텐츠를 이용해 차별화된 전략으로 시장 선점 • 증강현실을 이용하여 편리하게 다양한 제품을 한눈에 비교하여 합리적인 선택에 도움을 줌	• 중소 가구 업체들을 홍보해주는 목적으로 제휴를 맺으면 서로 win-win하는 관계 가능 • 가구시장들이 오프라인에서뿐만 아니라 온라인에서도 마케팅 가능
	ST 전략	WT 전략
T (위협)	• 자체 콘텐츠를 이용하여 단발성으로 그치지 않게 관심 유지 • 위치기반시스템(GPS)으로 오프라인 접근성 향상	중소 가구 업체들의 제품을 홍보하면서 신뢰를 쌓고 가구시장을 평정하고 있는 대기업과 공정 경쟁을 이룰 수 있게 유도

즉, SWOT은 아이템의 강점(Strength), 약점(Weakness), 기회(Opportunity), 위협(Threat)을 분석하는 도구예요. 강점과 약점은 네 아이디어 '내부'에서 찾고, 기회와 위협은 '외부 환경'에서 찾아보는 거라고 할 수 있죠."

세준은 종이를 반으로 접고, 네 칸으로 나누어 보기 좋게 정리했다.

"음… 제 아이디어의 강점은 확실해요. 실제 피해자의 위치를 알 수 있다는 점, 그리고 익명성이 보장된다는 것도요."

"좋아요. 아주 구체적이네요."

이안이 고개를 끄덕였다.

"그런데 약점은… 기능 구현이 어렵다는 점? 그리고 사용자 수가 적으면 효과도 적을 수 있겠네요."

세준은 잠시 생각하다가 말을 이었다.

"기회는 사회적으로 학교폭력 문제에 대한 관심이 커지고 있다는 거고요. 위협은… 비슷한 기능을 가진 앱이 이미 존재할 수도 있다는 점이겠네요."

"정확해요."

이안은 엄지를 들어 보였다.

"이처럼 SWOT 분석은 사업을 바라보는 너의 시야를 넓혀주는 데 좋은 기법이에요. 이제는 세준 학생이 낸 아이디어는 단순히 '좋은 아이디어'를 뛰어넘어 '실제로 작동할 수 있는 아이템'으로 한 걸음 나아간 거예요."

세준은 기분 좋은 긴장을 느끼며 다시 메모를 정리했다.

"SWOT 분석이 잘 되었네요. SMART와 SWOT 기법을 활용해 분석한 내용들은 앞으로 창업 시작 시, 나의 목표 설정에 많은 도움을 받을 수 있어요. 약점을 극복하기 위한 목표와 전략 수립, 외부 위협을 대비한 목표와 전략 수립도 고려해보면 사업에 큰 도움이 될 거예요." 이안은 말했다.

세준은 고개를 끄덕이며 말했다. "네! 직접 해보니 이제 목표와 비전을 어떻게 구체화할지 알 것 같아요."

세준은 SMART 목표 설정과 SWOT 분석을 기반으로 사업계획서를 다시 작성하기로 했다. 수일간 고민하며 수정한 뒤 그는 다시 이안을 찾았다.

1. Strengths(강점)

- 실시간 GPS 추적: 피해자의 위치를 신속히 파악하여 즉각적인 지원 가능
- 데이터 기반 예방: 시각화 도구를 통해 관리자와 교사가 쉽게 문제 패턴을 이해하고 대처 가능
- 사회적 기여: 학교폭력 문제 해결에 기여하며, 학생과 학부모의 신뢰 확보 가능

2. Weaknesses(약점)

- 데이터 보호 문제: 민감한 위치 정보와 신고 데이터를 안전하게 관리해야 하는 부담
- 사용자 적응 문제: 학교 관리자와 교사가 애플리케이션을 효과적으로 활용하도록 교육 필요

3. Opportunities(기회)

- 사회적 요구 증가: 학교폭력 문제 해결에 대한 관심 증가로 시장성 확보
- 기술 지원: AI와 데이터 시각화 기술의 발전으로 개발 가능성 향상

4. Threats(위협)

- 경쟁 서비스 등장: 유사 애플리케이션의 등장으로 경쟁 심화 가능
- 데이터 접근 제한: 신고 데이터 수집 및 활용 과정에서의 개인정보 활용 규제
- 사용자 참여 부족: 학생, 학부모, 교사의 초기 참여가 저조할 가능성

수정된 사업계획서, 달라진 나!

"이안 선생님, 이전에 선생님께서 알려주셨던 방법으로 분석해서 수정한 사업계획서입니다." 세준이 자신 있게 내밀었다.

이안은 자료를 꼼꼼히 검토한 뒤 말했다.

"처음보다 훨씬 좋아졌네요. 본인도 수정 전후를 비교해 보면 큰 변화를 느꼈을 거예요. 이제 사업 계획이 단순한 아이디어를 넘어 실현 가능한 프로젝트로 구체화된 것 같아요."

세준은 자신감을 얻었다. "이제 어떤 아이템이라도 자신 있게 사업계획서를 작성할 수 있을 것 같아요."

이제는 진짜 사업계획서

"세준 학생, 사업계획서를 잘 작성하려면 꼭 들어가야 할 요소들이 있어요. 오늘은 이 부분에 대해 한번 이야기해 볼까요?" 이안이 미소를 지으며 말했다.

세준은 준비된 메모를 꺼내며 대답했다.

"네! 지난번 SMART 목표 설정법과 SWOT 분석을 적용해봤어요. 그런데 구체적으로 사업계획서에 어떤 항목들이 더 필요할지 고민이 돼요."

이안은 차분히 설명을 시작했다.

"사업계획서는 사업의 목표, 전략, 시장 분석, 재무 계획 등을 체계적으로 정리한 문서예요. 사업의 방향성과 실행 계획을 명확하게 제시해야 해요. 한번 양식을 같이 보면서 어떻게 작성하면 좋을지 살펴볼까요?"

“먼저 창업 아이템의 개발 동기부터 살펴볼게요.” 이안이 말했다.

“이 항목에서는 왜 학교폭력 예방 앱을 개발하려고 했는지, 배경과 경험을 서술해야 해요. 예를 들어, 학교폭력 문제를 보면서 어떤 점이 불편하거나 안타까웠는지를 써보세요.”

세준이 생각하며 말했다.

“이 부분은 잘 쓸 수 있을 것 같아요.” 그는 조용히 공책을 꺼내고 펜을 들었다.

작년 2학기, 우리 반에 전학 온 한 친구가 있었어요. 말수도 적고, 점심시간에도 늘 혼자였죠.

어느 날, 우연히 그 친구가 복도에서 누군가에게 밀치는 소리를 들었어요. 직접적으로 본 건 아니었지만, 옆 반 친구들이 장난처럼 그 아이 가방을 만지고, 웃으며 지나가는 걸 봤죠.

하지만 아무도 말하지 않았어요. 저도 그랬고요.

'설마 진짜 괴롭힘일까?' 하고 넘겼지만, 마음 한구석이 계속 불편했어요. …(중략)… 그 후로도 그 친구는 늘 조용했고, 시간이 지나 전학을 갔다는 소식을 들었어요.

그때부터 생각했어요. "이런 일이 그냥 스쳐지나가도 되는 걸까?"

누군가 겉으론 멀쩡해 보여도 마음속에는 큰 상처를 안고 있을 수 있는데, 우리가 그냥 지나치고 있다는 게 너무 무서웠어요. 그래서 익명으로 고민을 나누고, 누군가 도와줄 수 있는 앱이 있었으면 좋겠다고 생각했어요. 저 같은 학생도 누군가의 고통을 '알게 되는 것'부터 시작할 수 있게요.

이안은 세준이 쓴 내용을 읽으며 조용히 고개를 끄덕였다.

"정말 진심이 느껴지는 글이네요. 이건 단순한 앱이 아니라 세준 학생의 마음에서 출발한 거니까 분명 사람들한테도 닿을 거라고 생각해요."

세준은 살짝 웃었다.

"이건… 꼭 실현시키고 싶어요."

이안이 말했다.

"이제 이 부분에서 사회적 문제를 해결하려는 의지와 동기를 분명히 전달하면 사업계획서가 더욱 설득력을 얻을 수 있어요."

세준이 물었다.

"그럼 사회적 가치 창출은 어떤 방향으로 써야 할까요?"

이안이 설명했다.

"'사회적 가치 창출'은 단순히 '내가 잘되기 위한 사업'이 아니라, 이 아이템이 사람들의 삶을 어떻게 바꿀 수 있는지를 보여주는 거예요."

세준은 공책을 한 장 넘겼다. 잠시 손끝이 멈췄다. 그는 갑자기 전학 간 친구를 떠올렸다.

아무 말도 하지 못한 채 조용히 떠났던, 그 아이. 그리고 그 아이가 남긴 쪽지 한 장.

"아무도 몰라줘서 더 힘들었어."

그 말이 아직도 잊히지 않았다. 이어 세준은 펜을 들어 공책에 적기 시작했다.

"이 앱이 수익을 내지 않아도 괜찮아요. 단 한 명이라도, 혼자 울지 않게 해준다면 의미가 있다고 생각해요."

그는 고개를 들었다.

"누군가의 용기가 될 수 있다면, 그걸로 충분히 사회적 가치가 있다고 믿어요."

이안은 말없이 고개를 끄덕였다.

"세준 학생, 그게 바로 창업의 진정한 창업의 시작이에요."

"그럼 창업 아이템 발전 과정은 어떻게 써야 할까요?" 세준이 물었다.

"이 부분은 아이템의 초기 아이디어에서 현재까지 발전 과정을 쓰는 거예요." 이안이 덧붙였다.

"처음에는 GPS로 신고 데이터를 분석하는 아이디어였지만, 현재는 시각화와 예방 대책까지 포함한 더 구체적인 앱로 발전했죠? 피드백이나 수정 과정을 포함해서 문제 해결을 위해 어떤 노력을 했는지 강조해 보면 좋을 것 같아요."

세준이 고개를 끄덕이며 다음 질문을 했다.

"창업 아이템 시장 분석과 고객 분석은 어떻게 해야 할까요?"

이안은 미소 지으며 물었다.

"좋은 질문이에요. 그 전에 먼저 묻고 싶어요. 세준 학생이 느끼기에 이 앱을 제일 먼저 '꼭 써야 하는 사람'이 누구라고 생각하나요?"

세준은 곧바로 대답했다.

"피해 학생이요. 누군가 괴롭힘을 당할 때, 익명으로라도 신고할 수 있어야 하니까요."

이안이 고개를 끄덕였다.

"맞아요. 세준 학생이 얘기한 부분은 바로 '사용자' 분석을 의미해요. 그런데 이 앱이 학교 안에서 실제로 쓰이려면 관리자, 즉 선생님이나 교장 선생님, 상담 선생님들도 필요성을 느껴야 하지 않을까요? 그래야 피해 신고가 모이고 문제 상황을 빨리 파악할 수 있다면 학교 전체의 시스템이 바뀌지 않을까요?."

세준은 그제야 고개를 끄덕였다.

"그럼… 두 종류의 고객이 있는 거네요. 직접 사용하는 학생과, 이 앱을 도입하는 관리자."

"맞아요. 그리고 그 고객들이 뭘 필요로 하는지 분석하는 게 바로 시장 분석의 핵심이에요."

또한, 세준은 이전에 교무실에서 상담 선생님이 두꺼운 생활기록부를 넘기며 "일일보고서 보는 게 하루 중 제일 힘들어…."라고 말했던 걸 떠올렸다.

"이전에 상담 선생님께서 일일보고서를 보는 게 힘들다고 한 적이 있었어요. 만약 데이터가 자동 정리되어 위험 징후를 한눈에 볼 수 있는 기능이 있다면 관리자분들 입장에서도 꼭 필요하겠네요."

이안은 덧붙였다.

"그리고 유사한 앱이나 서비스도 조사해보면 좋아요. 그들과 어떤 점이 다른지를 스스로 말할 수 있어야 하니까."

세준은 고개를 끄덕이며 노트에 메모를 시작했다.

1. 학교폭력 예방 앱 시장 현황
- 현재 신고 시스템은 주로 전화나 상담일지 기반 → 접근성이 떨어지는 문제점
- 기존 앱은 청소년 상담에만 집중 → 실시간 경고 시스템은 없음

2. 내 아이템의 차별점
- "위치 기반 실시간 신고"
- "관리자용 대시보드로 자동 요약 및 시각화 기능"
- "정서지표 분석 기능 탑재"

"지금까지의 내용은 이해되었어요. 어떻게 써야 할지 느낌이 왔어요."

세준의 표정이 조금은 밝아졌다.

세준은 사업계획서를 읽어보다가 말없이 고개를 숙였다. 그리고 조심스럽게 말을 꺼냈다.

"이안 선생님… 예상되는 문제도 진짜로 적어도 괜찮을까요?"

이안은 고개를 끄덕이며 미소 지었다.

"물론입니다. 사업에는 언제나 장애 요소가 존재해요. 중요한 건 그걸 피하는 게 아니라, 미리 예상하고 어떻게 대응할지를 보여주는 거예요."

"그럼… 데이터 보안이 문제일 것 같다고 적고, 보안을 위해 어떤 기술을 도입할 건지도 함께 적으면 되겠네요?"

"맞아요. 예를 들어 'AI 분석을 위한 개인정보 보호 대책'이라든가, '로그인 시 인증 절차 강화' 같은 방식으로 말이죠."

"아하, 이해했어요." 세준은 안도의 한숨을 쉬었다.

"선생님, 그런데 문제가 있어요. 아직 팀원을 구하지 못했어요. 그래서 인적 자원에 대해 쓸 수가 없어요." 세준이 심각한 표정으로 말했다.

이번에는 이안의 표정이 진지해졌다.

"좋은 고민이에요. 역량 있는 팀원을 구하는 건 창업에서 가장 어려운 부분 중 하나예요. 하지만 계획서에는 '현재 있는 자원'뿐 아니라, '앞으로 필요한 자원'도 적어야 해요."

이안은 노트를 펼쳐 '자원'이라는 글자를 쓰며 말했다. "자원은 크게 세 가지로 나눌 수 있어요. 인적 자원, 물적 자원, 재정 자원."

"앱의 보안을 강화하기 위해서는 개발자도 필요하겠지요? 그러면 어떤 기술을 가진 사람이 필요한지, 예를 들어, '모바일 보안 기술 보유자'라고 구체적으로 적는 거예요."

세준은 고개를 끄덕이며 공책에 "보안 개발자: 인증 시스템 구현 가능"이라고 적었다.

"네. 팀원도 열심히 구해봐야겠어요. 그럼 판매 전략과 홍보 전략도 그렇게 구체적으로 적어야겠네요." 세준이 물었다.

이안은 웃으며 말했다. "네. 판매 전략은 '누구에게', '어떻게 판매할 것인지'를 쓰는 부분이에요. 예를 들어, 학교 관리자에게 판매할 계획이라면, 온라인 배포와 함께 학교폭력 예방 설명회에서 시연 판매를 병행할 수도 있겠죠."

세준은 곧바로 메모했다.

- 판매 방식: 학교 설명회 + 이메일 제안서 발송
- 가격: 학교당 연 50만 원 라이선스 방식

세준이 잠시 고민하다 이야기했다. "학교 관리자에게 앱의 필요성을 홍보해서 판매할 계획이에요. 금액을 구체화해서 작성하면 되겠어요."

"아주 좋아요!" 이안은 세준에게 엄지를 치켜세웠다.

이안이 이어 설명했다. "이제 마지막으로 홍보 전략도 정리해봅시다. SNS 캠페인을 통해 학생과 교사에게 앱을 알리고, 학교에선 관리자 대상 설명회를 통해 신뢰도를 높이는 방법을 쓸 수 있어요. 온라인, 오프라인을 함께 고려해야 효과가 좋거든요"

세준은 무릎을 탁 쳤다. "그럼, '학교폭력 예방 캠페인에 앱을 연계해 홍보한다'라는 식으로 써도 되겠네요!"

"정확해요." 이안은 다시 한번 고개를 끄덕였다.

"문제도 전략이 될 수 있어요. 솔직한 분석과 구체적인 계획이, 진짜 사업계획서를 만드는 거랍니다."

세준이 웃으며 자신있게 말했다. "이제 사업계획서를 쓰는 법을 조금은 알 것 같아요."

이안이 강조했다.

"창업 아이템의 개요를 쓰는 것도 매우 중요해요. 아이템의 핵심 가치를 간결하게 전달해야 하거든요. 그리고 차별성 항목에서는 경쟁 제품과의 차이를 명확히 드러내세요. 예를 들어, GPS 기반 실시간 신고와 데이터 시각화라는 점은 다른 회사에는 아직 없기 때문에 어떻게 보면 큰 차별점이 될 수 있어요."

"네. 다음 만남 전까지 조언 주신 부분들을 생각해서 사업계획서를 완성해 보겠습니다."

사업 아이템 작성 팁 및 각 항목 분석

1. 창업 아이템 개발 동기

① 팁

- 창업 아이템을 개발하게 된 배경과 이유를 구체적으로 작성합니다.
- 개인적인 경험, 사회적 문제, 시장의 공백 등에서 영감을 받은 사례를 포함하면 설득력을 높일 수 있습니다.

② 분석

- 해당 아이템을 떠올리게 된 계기는 무엇인가?
- 해결하고자 하는 문제는 무엇이며, 이 문제의 심각성이나 중요성을 어떻게 평가했는가?
- 본인의 가치관, 열정, 전문성과의 연결고리는 무엇인가?

2. 창업 아이템의 사회적 가치 창출

① 팁

- 창업 아이템이 사회적으로 긍정적인 영향을 끼치는 부분을 강조하여 작성합니다.
- 지속 가능성, 환경 보호, 취약 계층 지원 등 구체적인 사회적 혜택을 설명합니다.

② 분석

- 환경, 교육, 건강, 빈곤 문제 등 어떤 사회적 문제를 해결하는가?
- 이 아이템이 지역사회 혹은 국가에 어떤 영향을 미칠 수 있는가?
- 사회적 가치와 수익성을 어떻게 균형 있게 유지할 것인가?

3. 창업 아이템 발전 과정

① 팁

- 아이템이 초기 구상에서 실행 가능한 단계로 발전하는 과정을 시간 순서대로 명확히 작성합니다.
- 초기 연구, 프로토타입 제작, 피드백 수집 등 단계를 나열합니다.

② 분석

- 아이템 아이디어가 발전해온 단계별 과정을 구체적으로 서술했는가?
- 주요 발전 과정에서 얻은 교훈과 이를 통해 개선된 점은 무엇인가?
- 외부 전문가나 멘토링을 활용했는가?

4. 창업 아이템의 시장 및 고객 분석

① 팁

- 목표 시장과 고객의 니즈를 세부적으로 분석하여 작성합니다.
- 시장 크기, 트렌드, 경쟁사 분석과 함께 차별화 요소를 강조합니다.

② 분석

- 목표 고객층의 특성(연령, 성별, 직업, 지역 등)은 무엇인가?
- 현재 시장에서 유사 제품이나 서비스의 문제점은 무엇인가?
- 경쟁사와의 비교 분석을 통해 우리 아이템의 강점은 무엇인가?

5. 창업 아이템 개발 과정 중 예상되는 장애 요소

① 팁

- 예상되는 문제와 이를 해결하기 위한 대안을 사전에 제시합니다.
- 리스크 관리 계획을 명확히 기술하면 신뢰도가 상승합니다.

② 분석

- 기술적, 법적, 재정적 장애 요소는 무엇인가?
- 예상되는 고객의 거부감이나 불만사항은 무엇인가?
- 이러한 장애를 극복하기 위한 구체적 실행 계획은 있는가?

6. 창업 아이템 개발을 위한 필요 자원

① 팁

- 필요한 자금을 비롯해 인적, 물적, 정보적 자원을 구체적으로 나열하여 작성합니다.
- 확보 계획과 우선순위도 명시합니다.

② 분석

- 아이템 개발에 필요한 예산은 어느 정도인가?
- 필수적인 기술, 장비, 인재는 어떤 것들이 있는가?
- 외부 지원(정부, 투자자, 기관 등)을 받을 계획은 무엇인가?

7. 판매 전략

① 팁

- 제품 또는 서비스를 고객에게 효과적으로 전달할 수 있는 방법을 설명합니다.
- 가격 정책, 유통 채널, 고객 접근 방식을 구체화하여 작성합니다.

② 분석

- 판매 대상별 맞춤형 전략(대량 구매자, 개인 고객 등)은 무엇인가?
- 직접 판매, 온라인 플랫폼, 대리점 등 어떤 유통 채널을 활용할 것인가?
- 경쟁사 대비 가격 경쟁력은 어느 정도인가?

8. 홍보 전략

① 팁

- 창업 아이템을 알리기 위한 효과적인 방법을 기술합니다.
- 소셜 미디어, 광고, 이벤트, 입소문 등 구체적 방안을 제시하여 작성합니다.

② 분석

- 아이템 특성에 맞는 홍보 채널은 무엇인가?
- 바이럴 마케팅이나 SNS 캠페인을 통한 확산 가능성은 있는가?
- 홍보 효과를 측정할 구체적인 지표는 무엇인가?

9. 구성원의 역량

① 팁

- 창업 팀원의 전문성과 강점을 강조하고, 팀 내 역할 분담이 명확하게 이루어졌음을 기술합니다.

② 분석

- 각 구성원의 전문 분야와 주요 경력은 무엇인가?
- 역할과 책임이 명확히 정의되어 있는가?
- 팀의 단점을 보완할 외부 자문이나 협력 네트워크는 있는가?

10. 동아리 구성원 간의 갈등 해결 방법

① 팁

- 팀 내에서 발생할 수 있는 갈등 상황을 예상하고 이를 해결하기 위한 명확한 프로세스를 제시합니다.

② 분석

- 갈등을 예방하기 위한 의사소통 방식은 무엇인가?
- 갈등이 발생했을 때 해결하기 위한 구체적 절차(중재자 선정, 투표, 협상 등)는 무엇인가?
- 팀의 결속력을 강화하기 위해 어떤 활동(워크숍, 소통 훈련 등)을 계획했는가?

3장

혼자 창업은 어려워!

3장 혼자 창업은 어려워!

계획은 실행으로 완성된다

사업계획서라는 것은 처음부터 완벽할 수 없다는 이안의 말을 떠올리며, 세준은 마음을 다잡고 앱에 대한 세부 계획서를 써 내려가기 시작했다. 계획서를 써내려가며 학생들에게 돌릴 설문지를 만들어야 했다. 문제를 해결할 실마리를 찾아가는 중요한 열쇠라는 생각이 들었기 때문이다. 보다 정확하고 의미 있는 질문을 담기 위해 세준은 학생부 담당 선생님을 찾아가 자문을 구하기로 했다.

"선생님~ 안녕하세요. 저 2학년 8반 김세준입니다. 혹시, 제가 저번에 수업 끝나고 잠깐 말씀드린 학교폭력 예방 앱을 기억하시나요?"

뭔가 잘못한게 아닌데 괜스레 학생부 선생님께 말씀드리는 게 부끄럽고 가슴이 콩닥거렸다.

"아아~ 그래! 맞다! 학교폭력 익명 신고 앱을 만들고 싶다고 했지? 근데, 왜?"

"다름이 아니라, 제가 사전조사 겸 학생들에게 설문을 좀 받고 싶은데요. 설문지에 학교폭력에 대한 정확한 상황정리가 들어가면 좋을 것 같아서요. 사실, 저부터 학교폭력이 무엇인지 정확히는 모르겠습니다."

"오~ 그래. 좋은 생각이다. 잠깐만!"

학생부 선생님께서 뭔가를 찾으시는 동안 세준은 테이블에 앉아 뭔가 불만스러운 표정으로 열심히 무언가를 적고 있는 선배와 눈이 마주쳤다. 당황한 그는 얼른 시선을 돌려 선생님을 바라보았다. 학생부실이라는 공간은 왠지 발을 들이는 순간부터 마음 한구석이 무거워지고 기분이 별로라는 생각이 들었다.

얼마 지나지 않아 선생님께서 몇 장의 자료를 프린트해주셨다.

"이거 가지고 가서 설문지 만들어 봐. 설문은 언제 받을 거니?"

"감사합니다. 아직 못 정했어요."

아차! 언제 어떻게 받을지도 생각 못한 설문이라니! 얼마 전에 이안을 만나고 얻은 자신감의 열매가 벌써 바닥이 드러나고 있다.

"그래, 그럼 다음 달 첫째 주 창체시간에 학교폭력 예방교육이 있거든? 그때 담당 선생님께 말씀드려서 설문 링크도 함께 해달라고 할테니깐, 이번 달 말까지는 설문지를 만들어 오렴."

와우! 다행이었다. 이렇게 나의 아이디어를 존중해주고 도와주시는 어른들이 많다니! 정말 기뻤다. 선생님께서 주신 자료에는 학교폭력의 종류와 처벌기준이 적혀 있었다. '와~ 학교폭력이 이렇게 무서운 것이었구나' 다시 한 번 학교폭력의 중요성과 진중함을 느낄 수 있었다.

세준은 학생부 선생님이 주신 자료를 펼쳐놓고 노트북 앞에 앉았다. 생각보다 항목이 많았고, 하나하나 읽다 보니 머릿속이 복잡해졌다.

'설문은 일곱 문항 정도면 적당하겠지. 질문이 너무 많으면 친구들이 귀찮아할 거야.'

학교폭력 익명 신고 앱 개발을 위한 설문조사

※ 다음은 학교폭력의 유형입니다. 잘 읽고 설문에 답변해 주세요.

1. 신체 폭력
- 신체를 손이나 발로 때리는 등 상대에게 고통을 가하는 행위(상해, 폭행)
- 일정한 장소에서 쉽게 나오지 못하도록 감금하는 행위
- 폭행이나 협박을 통해 강제로 일정한 장소로 데리고 가는 행위(약취)
- 상대방을 속이거나 유혹해서 일정한 장소로 유인하여 데리고 가는 행위
- 장난을 빙자한 꼬집기, 때리기, 힘껏 밀치기 등 상대방이 폭력으로 인식하는 행위

2. 언어 폭력
- 여러 사람 앞에서 상대방의 명예를 훼손하는 구체적인 말(성격, 능력, 배경 등)을 하거나 그런 내용의 글을 인터넷이나 SNS 등에 퍼트리는 행위(모욕)
- 신체 등에 해를 끼칠듯한 언행과 문자 메시지 등으로 겁을 주는 행위(협박)

3. 금품 갈취(공갈)
- 돌려줄 생각이 없으면서 돈을 요구하는 행위나 옷이나 문구류 등을 빌린 후에 돌려주지 않는 행위
- 일부러 물품을 망가뜨리는 행위
- 돈을 걷어오라고 하는 행위

4. 강요
- 빵셔틀, 와이파이 셔틀, 과제 대행, 게임 대행, 심부름 강요 등 의사에 반하는 행동을 강요하는 행위(강제적 심부름)
- 폭행 또는 협박으로 상대방의 권리행사를 방해하거나 해야 할 의무가 없는 일을 강요하는 행위

5. 따돌림
- 집단적으로 상대방을 의도적이고 반복적으로 피하는 행위
- 싫어하는 말로 바보 취급을 하고, 놀리거나 면박 주기, 겁주는 행동, 골탕 먹이기, 비웃는 행위
- 다른 학생들과 어울리지 못하도록 막는 행위

6. 성폭력

- 상대방의 의사에 반하거나 동의 없이 성행위를 강제하거나 유사 성행위, 성기에 이물질을 삽입하는 등의 행위
- 상대방의 의사에 반하거나 또는 동의 없이 성적 모욕감을 느끼도록 신체적 접촉을 하는 행위
- 성적인 말과 행동을 함으로써 상대방이 성적 굴욕감, 수치감을 느끼도록 하는 행위

7. 사이버 폭력

- 사이버 언어폭력, 사이버 명예훼손, 사이버 갈취, 사이버 스토킹, 사이버 따돌림, 사이버 영상 유포 등 정보통신기기를 이용하여 괴롭히는 행위
- 특정인에 대하여 허위 글이나 개인의 사생활에 관한 사실을 인터넷, SNS 등을 통해 불특정 다수에게 공개하는 행위
- 성적 수치심을 주거나, 위협하는 내용, 조롱하는 글, 그림, 동영상 등을 정보 통신망을 통해 유포하는 행위
- 공포심이나 불안감을 유발하는 문자, 음향, 영상 등을 휴대폰 등 정보통신망을 통해 반복적으로 보내는 행위

※ 이 설문은 학교폭력 익명 신고 앱 개발을 위한 설문입니다. '실제 설문'은 아니지만, 혹시 현재 일어나고 있는 학교폭력 사안이 있다면 써주신다면 학생부 선생님께 전달하도록 하겠습니다.

1. 혹시 학교에서 학교폭력(언어, 신체, 사이버)이 일어난 것을 보거나 경험한 적이 있나요?

2. 언제, 어디서, 어떻게 하다가 보거나 경험하게 되었나요?

3. 거기서 본 학생들의 이름을 알고 있나요?

4. 학생들끼리 무슨 일이 있었는지 써주세요. 자세히 쓰기 힘들다면 위의 학교폭력 사안 중 어느 것에 해당하는지 써주세요.

5. 혹시 이런 앱이 생긴다면 쓸 의향이 있으신가요? 예 or 아니오

6. 5번의 이유를 써주세요.

7. 학교폭력을 줄이기 위한 자신의 의견이 있다면 자세히 알려주세요.

그는 다급한 마음에 질문을 빠르게 정리했다. 설문 플랫폼에 접속해 폼을 만들며 익명 여부 설정 창을 마주쳤지만 잠깐 멈칫한 뒤 그냥 넘겨버렸다.

'어차피 내가 만든 게 아니라 선생님 아이디로 배포될 거니까 괜찮겠지….'

설정창 오른쪽에는 회색으로 쓰인 글씨가 흐릿하게 보였다.

※ 응답자 정보 수집 설정은 폼 제작자가 직접 확인 바랍니다.

그 문구를 본 세준은 무심코 창을 닫고, 설문 링크를 복사했다.

다음 달 첫째 주, 창체시간 학교폭력 예방 주간에 세준이는 설문링크로 QR 코드를 만들어 설문조사를 실시했다.

세준의 학교의 전교생은 800명 정도 되었다. 미리 학생부 선생님께 말씀을 드리고 자율시간에 모두 다같이 해서 그런지 678명의 친구들이 대답을 해주었다.

그때부터였다…. 일이 꼬인 것이.

기술보다 중요한 건 신뢰!

다음 날, 세준이는 일어나고 깜짝 놀랐다. 부재중 전화가 10통이나 와 있었다. 학생부 담당 선생님이셨다. 문자도 5개나 와있어서 확인하니 충격적인 내용이었다. 바로 설문에 명시되었던 '익명 보장'인 줄 알았던 설문에 응답한 학생들의 학반이 전부다 공개되었다는 것이다.

세준이는 급하게 학생부 담당 선생님께 연락을 하였다. 학생부 선생님은 한숨을 내쉬며 말했다.

"세준아. 네 설문이 익명보장 설문이라고 하지 않았나? 저번 설문이 학번이 다 나오게 설문이 모집되었어. 다행히 내가 만든 설문이라 내 아이디로 왔으니 망정이지, 너무 큰 실수를 했구나…. 선생님이 물심양면 도와주고 싶었는데, 앞으로 학생부에서 도와주기는 힘들 것 같다. 학생부 선생님들 내부 결정이니까 따라주기 바란다. 미안하다."

내가 실수로 설문에 참여한 사람의 학번이 공개되는 설정으로 설문을 뿌린 것이었다. 일곱 문항밖에 되지 않는 설문지를 만드는데도 새롭게 알게 된 정보도 너무 많았고, 생각지도 못한 일이 너무 많았던 터라, 제일 중요한 걸 놓치고 말았다. 물론, 이번 설문은 앱 개발용이라서 학생부 선생님 아이디로 뿌린 설문이라 큰 문제가 없었지만 익명성이 보장된다던 설문조사에서 학번이 공개된 것이 친구들 귀에 들어갔다면…. 정말 상상만 해도 끔찍했다.

'내가 왜 나한테 먼저 보내보지 않았을까?', '시범 테스트를 당연히 했었어야 했는데.' 너무나 당연한 일들인데 기본을 뛰어넘고 일을 진행했다고 생각하며 끊임없이 나 스스로를 자책했다.

그날 밤…세준이는 악몽을 꿨다.

"야! 이거 익명이라며~!"

"학번 공개 실화냐??!!"

"대충하길 잘했음…."

"앱 나오기만 해봐라! 절대 안씀!!"

"아놔! 세준!! 진짜 차라리 평소처럼 자!!!"

너무 놀라 소리를 지르며 꿈에서 깼다. 땀을 뻘뻘 흘리고 있었다.

'창업이란 것이 한순간의 실수로 이렇게 크게 스트레스를 받을 수 있는 중대한 사안이구나. 내가 과연 사업이란 깜냥이 있는 사람인가?' 이런 부정적인 생각을 떨칠 수가 없었다.

무서웠다. 두려웠다.

실패는 배움의 다른 이름

다음 날, 학생부 선생님께 찾아갔다.

똑! 똑!

"선생님, 죄송합니다…. 면목이 없습니다."

세준은 머리가 허벅지에 닿을 듯이 고개를 숙이고 기어가는 목소리로 선생님들께 사과를 했다.

그러나 학생부 부장님께서는 온화한 미소로 "덕분에 정말 심각한 학교 폭력 신고가 1건 들어왔어~ 당연히 익명으로 들어온 걸로 처리할 예정이고, 그렇게 문자를 무섭게 보낸 것은 하나의 앱이 얼마나 큰 영향력을 가져올 수 있는지 제대로 가르쳐 주고 싶어서 그런거야. 다음부터 경각심을 가지고 한 단계, 한 단계 밟아가면 된다. 아이고~ 우리 세준이 많이 힘들었겠구나. 하루 만에 헬쓱해졌어….”

다른 학생부 선생님께서도 “그래~ 부장님께서 일부러 세준이 너 정신 차리라고 그러신 거야. 근데, 네가 하고 싶은 일이 생기고 열심히 하는 건 너무 환영할 일인데, 갑자기 혼자 너무 많은 일을 하고 있는 것 아니니? 계획을 체계적으로 세워서 필요한 분야에 다른 친구들과 함께 하는 건 어때?”

“네~ 선생님. 그런데 지금 창업경진대회가 얼마 남지 않아서요. 다음에 그렇게 해볼게요. 정말 감사합니다.”

다시 학생부장님께서 귀엽다는 듯 미소를 지으시며 말씀하셨다.

“세준아~ 괜찮아! 이건 별거 아니야. 사실 그럴 줄 알고 일부러 선생님 아이디로 뿌린 거야. 사실 네가 선생님 컴퓨터로 설문 만들 때 옆에서 지켜봤는데, 기본적인 아이디 설정이나 익명 체크 같은 것도 안 하더라고…. 그때 바로 같이 체크해줄 수 있었지만 작은 실수를 통해 배우라고 일부러 그런 거다. 선생님들은 언제나 네 계획에 도와줄 준비가 되어 있어!! 걱정하지 말렴.”

세준이 놀라 고개를 팍! 돌리며 말한다.

“네? 선생님? 도와주신다고요?”

“그럼~ 네 덕에 심각한 학교폭력 신고가 들어왔다니깐. 애들은 익명인 줄 알아. 이 앱, 정말 필요한 것 같다. 걱정 말고 대회 준비에 집중해.”

학생부실을 나오는데 다리가 약간 휘청거림을 느꼈다. 작은 헤프닝으로 끝났지만 오히려 세준의 진심이 전해졌는지 친구들에게 크고 작은 신고가 많이 들어왔다며 선생님들께서 기특하게 생각해 주셨다. 이로써 수요층을 확실히 확인하였고, 다른 앱과의 차별점도 구체화시킬 수 있었다. 무엇보다 선생님들은 확실한 본인의 편이란 생각에 자신감이 올라갔다.

그러나 이번 실수로 많은 생각이 드는 세준이었다. 다시 대회 준비를 시작했다. 학생부 선생님께서 주신 자료에 의하면 우리 학교 친구들은 학교폭력 예방 앱의 필요성에 대해 높은 수요를 발견하였다. 그래서 다른 친구들의 의견을 조금씩 들어보고 싶었다. 이번에는 잘 넘어갔지만 혼자 일하다보니 많은 것들이 놓쳐진다는 생각이 들었기 때문이다. 그래서 평소 친하게 지내던 수영이와 진수에게 이 애플리케이션에 대해 의견을 들어봐야겠다고 결심하였다.

다음 날, 수영이와 진수에게 학교폭력 예방 앱에 대해 설명하였다.

"얘들아~ 내가 만들고 싶은 학교폭력 예방 앱이야. 한번 들어봐. 이 앱은 우리가 학교폭력을 보거나 당했을 때 신고를 익명으로 할 수 있는 앱이거든. 솔직히 애들 괴롭히는 애들 신고하기 어렵잖아. 그래서 내가 생각해봤는데…"

"오오~ 좋은데? 근데 이거 익명 확실히 보장되는 것 맞아? 어쨌든 학번으로 가입을 해야 하는 거면 선생님들이 아시는 거 아냐?"

"응~ 최소한의 조치를 해야 허위 신고나 장난 신고를 막을 수 있잖아. 가입 내용이나 아이디는 학생부 선생님들 외에는 아무도 모르실거야."

"그래? 그걸 확실하게 홍보해야 할 것 같아. 그렇지 않으면 애들이 익명이라는 것을 믿지 못할 수도 있어."

수영이는 친구들 간의 관계를 평소 중요하게 생각하는 학생이라 이런 부분을 지적해주었다. 역시 다른 친구들에게 물어보길 잘했다고 생각한 세준이었다. 그러나 진수의 의견은 달랐다.

"세준아. 물론 이 앱이 필요한 건 사실인데, 이걸 왜 만든거야? 우리 학교에서만 쓰는거야? 아니면 다른 학교 학생들도 쓰는거야? 나는 솔직히 이걸로 학교폭력이 줄어들 것이라고 생각하지 않아. 어차피 익명으로 신고하더라도 괴롭힐 애들은 다 괴롭히고, 숨겨줄 애들은 다 숨겨주거든. 이 앱이 학교폭력 예방이나 처리에 얼마나 도움이 된다고 생각해? 나는 네가 공부를 좀 더 열심히 해서 성적을 올리고 창업을 하고 싶으면 나중에 하는 게 좋을 것 같아. 물론 내가 이런 말 하면 네가 기분 나쁠 수도 있겠지만 네가 평소에 학교생활을 열심히 했으면 이런 것도 믿을만 하겠지만, 솔직히 네가 설문 돌리고 그러면 애들이 별로 안 믿을 것 같아. 모든 일에는 자신의 평소 이미지가 중요한 거 아냐?"

틀린 말은 아니었다. 솔직히 매일 엎드려서 자거나 멍때리고 있으면 항상 세준을 잡아준 건 진수였다. 마음은 고마웠지만 의욕이 생기지 않아서 진수의 조언을 무시해왔다. 그러니 본인이 학교 친구들에게 대회든 앱이든 도움을 받으려면 친구들의 신임을 얻어야 한다는 것도 틀린 말은 아니었다. 그러나 평소 친하다고 생각했던 친구에게 직설적으로 들으니 심란해지는 세준이다. 그래서인지 세준이 마음에 없는 말을 뱉어버린다.

"그래! 너는 내가 맨날 마음에 안 드냐!! 친구가 처음으로 하고 싶다는 게 생겼다는 데 너는 왜 꼰대 같은 말만 하는거냐!! 됐다, 됐어~!!" 정말 마음에 없는 소리이다. 그런데 이미 뱉어버리고 말았다. 아직 시작도 안 했는데 일이 자꾸 꼬이는 듯한 세준의 마음이 무겁다.

진수가 어이없다는 듯 한숨을 푸~욱 쉬더니 손가락 욕을 하고 나가버렸다. 그때 수영이가 세준이를 타일렀다.

"세준아. 왜 그래 너! 진수가 어떤 마음으로 한 말인 줄 알잖아~" 그렇다. 알고 있다. 머릿속이 복잡하다.

간만에 집에 들어와서 컴퓨터 게임을 켰다. 두 가지 이유이다. 마음이 복잡하여 도피하고 싶은 마음도 있고, 게임에서 진수를 만날 수 있지 않을까 하는 기대였다. 어떤 마음으로 했는지도 모르게 게임이 진행되고 있을 때 진수가 접속했다. 잠깐 고민하다가 채팅을 걸었다.

창업을 떠나 자신이 만드려는 애플리케이션은 결국 친구들의 사이를 좋게 하고 피해자가 더 이상 생기지 않게 하기 위해서임을 다시 한번 생각하게 되었다.

그래서 다시 태어났다, 김세준!! 학교생활부터 제대로 하면서 대회준비를 해야겠다고 생각했다. 수업 시간에 맨날 대회 생각만 하고 선생님들께서 질문하시면 "네?? 네??"만 하면서 학교와는 멀어지고 있었는데 진수 덕분에 무엇이 중요한지 깨달았다. 그래서 학교생활에는 친구가 필요하고, 창업에는 팀원이 필요하다고 생각한 세준이었다.

도전, 후원의 힘을 믿어보기로!

세준은 사업계획서를 작성하며 자신이 개발하려는 학교폭력 예방 앱의 기술적 요구 사항을 정리하고 있었다. 익명 신고 기능, 데이터 분석 시스템, 안전한 대화창, 그리고 GPS 기반 위치 정보 활용 등 복잡한 기능을 구현하려면 상당한 기술적 역량이 필요했다.

그러던 중, 세준은 예상 개발비를 산출하며 깊은 고민에 빠졌다.

'이 모든 기능을 구현하려면 생각보다 많은 비용이 들겠는데…. 내가 가

진 자금으로는 부족할 것 같아.'

웹 개발 경험이 부족했던 세준은 개발업체와의 상담을 통해 개발비 견적을 받아보았다.

개발업체 담당자는 다음과 같이 말했다.

"기본적인 앱 설계와 서버 구축 비용만 해도 최소 1,000만 원 이상이 필요하겠는걸요? 그 외에도 유지보수와 업데이트 비용까지 생각하면 총 비용이 훨씬 더 늘어날 거 같아요."

충격이었다. 웹 개발에 이렇게 많은 비용이 들거라고 생각하지 못했기 때문이다. 웹 개발비 마련 문제로 고민하던 세준은 이안을 찾아가 조언을 구하기로 했다. 이안은 잠시 생각하더니 세준에게 크라우드 펀딩을 제안했다.

"세준 학생의 아이디어는 사회적인 가치가 매우 높은 잠재성이 있는 아이디어예요. 이러한 아이디어는 크라우드 펀딩을 통해 자금을 모으면서 학교폭력 문제에 대한 관심을 널리 알릴 수도 있을 것 같아요. 혹시 세준 학생은 크라우드 펀딩에 대해 들어본 적 있나요?"

세준은 고개를 저으며 대답했다.

"어디선가 들어보긴 했는데, 정확히 뭔지는 잘 모르겠어요"

이안은 차근차근 설명을 시작했다.

"크라우드 펀딩은 간단히 말해, 여러 사람으로부터 소액의 자금을 모으는 방식을 의미해요. 주로 인터넷 플랫폼을 통해 이루어지고, 네 프로젝트의 가치를 대중에게 설득해 목표 금액을 달성하는 구조이죠."

세준은 흥미롭게 들으며 물었다. "크라우드 펀딩에도 여러 종류가 있나요?"

"그렇지. 크게 네 가지로 나눌 수 있어요." 이안이 손가락을 펴며 설명했다.

리워드형 크라우드 펀딩	기부형 크라우드 펀딩	대출형 크라우드 펀딩	지분 투자형 크라우드 펀딩
"이건 후원자들에게 일정 금액을 후원받고, 그에 대한 보상을 제공하는 방식이에요. 예를 들어, 세준 학생의 앱 개발에 후원하면 감사 메시지나 앱의 베타 테스트 참여 기회를 제공하는 식이죠."	"공익적인 프로젝트에서 많이 쓰여요. 후원자들에게 물질적 보상은 없지만, 프로젝트 자체의 가치에 공감해서 후원하는 경우예요. 세준 학생의 앱이 학교폭력 예방이라는 사회적 문제를 다루고 있으니 이 방법도 고려할 수 있겠죠."	"여러 사람으로부터 자금을 빌리고, 일정 기간 후에 이자를 붙여 상환하는 방식이에요. 스타트업 초기에는 잘 사용하지 않지만, 필요하다면 가능성을 검토해볼 수 있어요."	"후원자가 단순히 돈을 주는 게 아니라, 네 사업에 투자해서 일정한 지분을 얻는 방식이에요. 이 경우, 투자자에게 사업성과를 입증할 계획이 더 구체적이어야 해요."

세준은 잠시 생각한 뒤 말했다.

"제 상황에서는 리워드형이나 기부형이 가장 적합할 것 같아요. 후원자들에게 앱의 가치를 충분히 설명하고, 보상을 제공하면서 관심을 끌 수 있겠네요."

이안은 고개를 끄덕이며 말했다.

"좋은 선택이에요. 특히 리워드형은 세준 학생이 후원자와 소통하면서 프로젝트에 더 많은 사람을 참여시키는 데 효과적이에요. 그리고 기부형은 공익적 가치를 강조하기 좋은 펀딩이죠."

세준은 잠시 고민하더니 조심스레 물었다.

"선생님… 그런데 펀딩을 시작만 한다고 되는 건 아니잖아요. 어떤 프로젝트는 정말 금방 목표 달성하는데, 어떤 건 조용히 끝나더라고요."

이안은 고개를 끄덕이며 말했다.

"맞아요. 크라우드 펀딩은 시작보다 '어떻게 설득하느냐'가 훨씬 중요하죠. 성공하려면 몇 가지 핵심 요소가 필요해요."

세준이 자세를 고쳐 앉았다.

"첫 번째는 뭔가요?"

"가장 중요한 건 이야기, 즉 스토리텔링이에요. 사람들은 단순한 제품보다는 그 아이디어가 왜 나왔는지, 누가, 어떤 마음으로 만들고 있는지를 알고 싶어 하거든요."

세준은 고개를 끄덕였다.

"그럼 제가 학교폭력 예방 앱을 만들게 된 이유부터, 실제 제가 겪었던 사례 같은 걸 넣어야겠네요."

"정확해요." 이안이 미소 지었다.

"그런 이야기들은 후원자의 공감을 이끌어요. 그리고 두 번째는 공유와 소통이에요. SNS나 블로그 등을 통해 내 프로젝트를 꾸준히 알리고, 후원자들의 반응에도 정성껏 답변하는 게 중요하죠."

세준은 메모장에 적으며 물었다.

"하긴, 제가 본 어떤 펀딩 페이지는 댓글이 달려도 답이 없더라고요. 그런 곳엔 후원하기 꺼려졌어요."

"그게 바로 사소하지만 엄청난 결과를 불러오는 차이예요. 작은 댓글 하나, 응원 메시지 하나에도 진심으로 반응해야 '이 프로젝트가 살아있다'라는 느낌을 줄 수 있거든요."

세준은 웃으며 말했다.

"그럼 일종의 팬과 소통하는 느낌이네요?"

"맞아요. 그리고 마지막으로 중요한 건 보상 설계예요. 너무 비싸지도, 너무 평범하지도 않게. 작지만 특별한 보상이 사람들의 마음을 움직이죠."

"그럼 제 앱의 보상은 뭐가 좋을까요?"

이안은 잠시 생각하더니 말했다.

"예를 들어, 후원자 이름을 앱에 넣어주는 '감사의 벽', 학교폭력 예방 워크북 PDF 아니면 세준 학생이 직접 쓴 편지나 영상 메시지 같은 것도 좋겠죠."

"와… 저 그런 건 생각도 못 했어요. 그냥 기능만 잘 만들면 된다고만 생각했는데요."

"크라우드 펀딩은 기능보다 진심이 먼저 보이는 곳이에요. 사람들이 믿고 함께하고 싶게 만드는 힘, 그게 바로 성공의 요소랍니다."

"크라우드 펀딩의 대표적인 플랫폼을 소개받을 수 있을까요?"

"대표적으로는 킥스타터(Kickstarter), 와디즈(Wadiz), 텀블벅(tumblbug) 등이 있어요."

킥스타터 와디즈 텀블벅

"크라우드 펀딩을 활용한 사례가 궁금해요"

"가장 대표적인 사례는 오큘러스 리프트(Oculus Rift)라는 가상현실(VR) 헤드셋이 있어요. 이 제품은 킥스타터에서 2,500만 달러 이상을 모금하면서 큰 화제가 되었어요. 해당 프로젝트는 성공적으로 자금을 모은 뒤, 페이스북에 약 20억 달러에 인수된 아주 큰 사례라고 할 수 있죠."[1]

"우리나라 사례는 없을까요?"

"우리나라 사례도 있어요. 국내 제조 전문기업인 큐어라이프의 대표 제품인 쓰리잘비는 기존 쓰레받기의 불편했던 단점을 개선하고 제품의 실용성을 극대화하기 위해 제품 생산단계에서만 최소 70번 이상의 샘플링과 목업하는 과정을 거치는 노력을 기울였어요. 당시 제품의 생산 자금을 마련하기 위해 크라우드 펀딩이라는 방식을 사용했는데 크라우드 펀딩의 특성을 활용해 시제품 단계에서부터 40명의 달하는 후원자의 피드백을 1:1로 받았다고 해요. 그 결과 '와디즈'에 출시된지 10개월 만에 약 30억 원의 매출을 달성했다고 해요."[2]

"정말 대단하네요. 크라우드 펀딩의 장점을 극대화한다면 웹 개발비에 필요한 자금을 확보하는 데 아주 큰 도움이 되겠어요."

응원 속 작은 시작

이안의 조언을 떠올리며 돌아온 날, 세준은 곧장 노트북 앞에 앉았다. 그는 창업 노트를 펼쳐 두고, 크라우드 펀딩 플랫폼 메인 페이지에 접속했다.

1 출처: https://moo-it.tistory.com/entry/crowdfunding

2 출처: https://3jalbi.com/bbs/view.php?idx=54&page=1&&code=news&catcode=13110000

"1,000만 원이면 핵심 기능 구현까진 충분할 거야. 다만, 이 프로젝트를 믿고 함께해줄 분들이 있을까…?" 불안함을 감추며 세준은 프로젝트 소개글을 쓰기 시작했다. 자신이 전학 온 친구에게 느꼈던 죄책감, 그리고 익명으로라도 손을 내밀 수 있는 기술을 만들고 싶다는 바람. 모든 문장에 조심스레 마음을 담았다.

• 소개글

"안녕하세요. 저는 푸른중학교 2학년 김세준이라고 합니다. 학교폭력에 대해 고민하게 된 건, 전학 온 친구 때문이었습니다. 늘 혼자였고, 누군가가 장난처럼 가방을 밀고 가는 걸 봤지만, 그때 저는 아무 말도 하지 못했습니다. 며칠 후 그 친구는 전학을 갔고, 그 후로 제 마음속에는 '누군가는 도와줄 수 있었는데….'라는 생각이 떠나지 않았습니다.

그래서 저는 누군가의 작은 용기를 도와줄 수 있는 학교폭력 예방 앱을 만들기로 했습니다.

• 이 앱은 어떤 기능을 하나요?

✓ 익명 신고 기능 – 두려움 없이 도와달라고 말할 수 있어요.

✓ 위치 기반 신고 시스템 – 신고자의 위치를 관리자에게 빠르게 전달할 수 있어요.

✓ 관리자 전용 대시보드 – 위험 징후 데이터를 정리해 한눈에 보기 쉽게 정리할 수 있어요.

※ 모든 보상은 프로젝트 종료 후 2개월 이내 전달됩니다.
※ '후원자 이름 공개'는 원하시는 분에 한해 진행됩니다.

학교폭력은 아주 작은 눈치,
한 줄의 말, 한 번의 신고가 큰 용기가 될 수 있다고 생각합니다.
제가 만든 이 작은 시작이,
어느 누군가에겐 용기를 꺼낼 수 있는 버튼이 되길 바랍니다.
당신의 응원이 함께한다면,
이 앱은 분명 더 많은 아이들에게 닿을 수 있을 거예요.
진심을 다해, 응원과 참여를 부탁드립니다.

며칠 뒤, 캠페인이 정식으로 시작되었다. 세준은 휴대폰 알림이 울릴 때마다 가슴이 쿵쾅거렸다. 심지어 수업 시간에도 화면을 몰래 확인하곤 했다.

그리고 드디어 첫 후원이 들어왔다.

"첫 후원자야!"

그는 작은 환호성을 질렀다. 후원자는 한 중학교의 생활지도부 교사였다. 메시지에는 이렇게 적혀 있었다.

"이 앱이 꼭 성공하길 바랍니다.
학생들에게 더 안전한 학교가 되길 진심으로 바라요."

세준은 감동에 말이 막혔다. 손이 조금 떨렸지만, 직접 댓글을 달았다.

"선생님의 따뜻한 응원 감사합니다. 학생들을 위한 공간을 함께 만들어 가겠습니다!"

그 뒤로도 하루에 한두 건씩 소소한 후원이 이어졌다.

누군가는 "아이에게 이런 앱이 있다면 좋겠어요."라고, 또 다른 이는 "학생이 이런 생각을 하다니 대단하네요."라고 적었다. 세준은 후원자들의 메시지를 하나하나 캡처해 파일로 모았다.

단순한 숫자보다, 이 응원들이 훨씬 소중했다. 그날 밤, 그는 자신의 다이어리에 이렇게 적었다.

"내가 만든 이야기에 누군가가 응답해줬다. 작은 시작이지만, 함께 만드는 길이라는 걸 느낀다."

실패가 가르쳐준 것

하지만 시간이 지날수록 후원의 속도는 점차 느려지기 시작했다. 초반의 뜨거운 응원이 무색하게도, 3일, 4일… 일주일이 지나자 하루 방문자 수는 늘어났지만 후원은 더 이상 들어오지 않았다. 세준은 하루에도 몇 번씩 캠페인 페이지를 열어보며 마음속에서 불안이라는 작은 구름이 자라나는 걸 느꼈다. 펀딩 목표 금액의 10%조차 넘기지 못한 채 후원은 멈춰버렸고, 그는 이유를 알 수 없는 답답함에 휩싸였다. 방문자는 꾸준히 늘어나고 있었지만, 그 숫자는 정작 후원으로 이어지지 않았다.

"내가 뭘 잘못했을까? 도대체 왜 사람들이 후원을 하지 않을까?"

그는 처음에는 단순히 타이밍 때문이라 생각했지만, 점점 무언가 놓치고 있다는 느낌이 커졌다.

"스토리가 약한가…? 아니면 보상이 별로일까? SNS에 올리는 문구가 어색해서 그런 건가?"

그는 커뮤니티 댓글을 다시 읽어보기 시작했다. 그중 눈에 밟히는 한 문장이 있었다.

"취지는 좋지만, 너무 추상적인 느낌이에요. 앱이 정확히 어떤 효과를 줄 수 있는지가 잘 안 보이네요."

또 다른 후원자는 이렇게 썼다.

"후원하고 싶은 마음은 있는데, 리워드가 좀 애매한 듯… 손에 잡히는 게 없어요."

세준은 가슴이 철렁 내려앉는 기분이었다. 자신은 진심을 담았다고 생각했지만, 상대의 마음에는 닿지 않았다는 사실. 그는 이안에게 조심스럽게 메시지를 보냈다.

잠시 뒤, 이안이 직접 카페에서 만남을 제안했다.

"세준 학생, 힘들죠?"

"네. 정말 열심히 준비했는데 왜 안 되는지 모르겠어요."

이안은 말없이 고개를 끄덕였다. 그리고 나직이 말했다.

"실패는 누구에게나 옵니다. 중요한 건 '이 실패가 무엇을 말해주고 있는가'를 파악하는 거예요."

"저는… 제 입장에서만 캠페인을 만든 것 같아요. 후원자들이 원하는 건 뭐였을까, 깊이 생각하지 못했어요."

"그래도 이 과정을 끝까지 해낸 것 자체가 쉬운 일이 아니에요. 아이디어를 떠올리고, 글을 쓰고, 세상에 내놓는 일, 그 자체만으로 정말 대단한 용기예요."

캠페인 종료일, 펀딩은 결국 목표의 절반에도 미치지 못한 금액으로 종료되었다. 펀딩 종료 알림을 본 순간, 세준은 멍하니 화면을 바라보다 조용히 노트북을 덮었다.

'결국 실패했네…. 다 내 부족함이야.'

그는 아무 말도 하지 못한 채, 한참 동안 자리에서 일어나지 못했다.

하지만 그날 밤, 그는 조용히 노트를 꺼내 다시 계획을 정리하기 시작했다. 비록 완벽하진 않아도, "지금 있는 자원 안에서라도 시작해보자!"라는 마음이었다.

그는 앱의 핵심 기능을 단순화하고, 저비용 앱 빌더 툴을 검색했다. SNS 로그인, 위치 기반 익명 신고 기능들 중 하나만이라도 구현해보기로 했다.

프리랜서 플랫폼에서도 개발자를 문의해봤지만, 생각보다 비용은 여전히 높았고 연락이 끊기거나, 사양이 맞지 않는 경우도 많았다.

그는 매번 "이건 안 되겠네요…."라는 말을 들었고, 직접 클릭하고 시도하고, 실패하고, 다시 해보는 걸 반복했다. 때로는 '내가 왜 이걸 한다고 했지?'라는 후회도 들었지만 그럴 때마다 펀딩 페이지의 댓글을 다시 꺼내 읽었다.

"이 앱이 꼭 필요해요."

"응원합니다."

"실패해도 괜찮아요. 시도했다는 게 멋져요."

혼자지만, 끝까지!

"선생님~ 창업경진대회에 혼자 나온 건 저 혼자인가 봐요. 너무 떨려요." 대회 당일, 세준이 많이 긴장했다.

"아니에요~ 저 쪽에 다른 친구도 혼자 온 것 같은데요?" 이안이 혼자 온 걸로 보이는 친구를 가리키며 세준의 긴장을 풀어주려고 노력한다.

"그런가요? 저 친구는 무슨 아이템인지 궁금하네요."

"웹페이지랑 애플리케이션 가지고 나온 학생인 것 같아요. 세준 학생이랑 앱이라는 것은 겹치지만 아이템은 완전 다르네요." 이안이 혼자 온 친구의 아이템에 관심을 보이는 것 같아 세준은 더욱 긴장을 한다. 그러나 이안이 그것을 알아채고 간식을 주며 말한다.

"이 세상에 모든 것을 잘하는 사람은 단 한 명도 없어요. 조급해하지 말고 이 또한 세준 학생의 미래의 발판으로 삼아봐요. 알겠죠? 파이팅!!"

이안의 응원에 세준도 마음을 바로잡고 단상으로 올라간다.

"안녕하십니까, 학교폭력 예방 앱 '학교 안전'을 개발한 푸른중학교 김세준입니다. 제가 개발한 애플리케이션은 학교폭력은 분명히 나쁜 것이고 신고를 해서 없애야 하는 것이 마땅하지만 학교 현장에서는 친구들끼리의 은근한 서열과 보복의 두려움 때문에 학교폭력을 제대로 신고할 수 없는 분위기가 팽배합니다. 그래서 제가 만든 이 애플리케이션은 …(중략)…"

본인이 뭐라고 했는지도 잘 기억이 안 날 때쯤 발표가 끝났다.

"네, 발표 잘 들었습니다. 세준 학생, 그러면 이 애플리케이션을 어떻게 수익화할 생각이죠?"

심사위원의 칼날 같은 질문이 들어왔다.

"네, 일단 저희 학교에서 설문조사를 한 결과 학생들이 이 앱은 꼭 필요하다고 생각했고…"

"네~ 세준 학생, 긴장했나 보네요. 그게 아니라 제 질문의 의미는 이 앱으로 돈을 어떻게 벌 생각인지 물었습니다. 사업계획서에 보니 크라우드 펀딩도 실패한 걸로 보이네요?"

심사위원이 말을 자르고 다시 한번 매섭게 물어봤다.

입술이 바짝바짝 마른다는 것을 경험하는 세준이다. 매우 당황했지만 다시 생각해서 대답을 한다.

"아… 네… 일단 학교와 교육청에 제안을 할 예정입니다…."

이런! 내가 무슨 말을 한거지? 내가 하고 있는 말들이 정리되지 않고 공중에 떠다니는 것만 같았다. 점점 발표는 미궁 속으로 들어갔다.

"네~ 감사합니다. 내려가세요."

이 말을 마지막으로 세준은 단상에서 터덜터덜 내려왔다. 발표를 끝낸 모두에게 하는 말일 텐데 심사위원의 마지막 인사가 어쩐지 너무 날카롭게 느껴지며 나의 꿈을 터트리는 바늘같다.

발표가 끝난 후, 세준은 힘들게 입을 떼었다.

"선생님… 완전 망한 것 같아요. 제가 너무 대회를 안일하게 생각한 것 같아요."

그러나 이안은 "아니에요~ 그러면서 조금씩 배우는 거죠. 다른 친구들 발표 들어보고 다음 대회 때 더 잘하면 되죠."라고 용기를 북돋아주었다.

모든 발표가 끝난 후, 세준은 한층 편안해진 표정으로 객석에 앉았다.

그 순간, 다음 발표자의 당찬 목소리가 울려 퍼졌다.

"안녕하십니까. 금화중학교 2학년 박민재입니다. 저는 청각장애인을 위한 음성 기반 쇼핑 웹페이지를 개발했습니다."

세준은 발표를 듣고 감탄했다.

"와… 직접 웹페이지를 만들었나 봐요."

이안도 고개를 끄덕이며 중얼거렸다.

"웹페이지를 개발한 아이디어는 좋았는데, 아쉽게도 올릴 상품을 아직 정리하지 못했나 봐요." 잠시 고민하더니 이안은 세준에게 "어? 세준 학생,

나중에 저 학생하고 같이 하면 서로 도움이 될 것 같지 않나요?"

"그러게요. 저도 판매 아이템은 있는데 플랫폼이 없어서 고민이었는데… 같이 하면 좋을 것 같아요."

이안은 웃으며 등을 툭 쳤다.

"그럼 직접 이야기해보는 건 어때요?"

세준은 고개를 끄덕였지만 곧 걱정스러운 얼굴로 물었다.

"근데, 전혀 모르는 친구인데… 어떻게 말을 꺼내죠?"

"그럴 땐 인사부터 정중하게 하고, 제안은 메모지에 간단히 정리해서 주는 게 좋아요. 명함처럼."

새로운 팀의 탄생: 세민컴퍼니

대회가 끝난 직후, 세준은 떨리는 발걸음으로 민재에게 다가갔다.

"안… 안녕하세요. 저는 푸른중학교 김세준이라고 합니다. 아까 발표는 정말 인상깊게 잘 들었습니다."

민재는 조금 놀란 듯했지만 고개를 숙여 인사했다. "아, 네… 안녕하세요?"

세준은 조심스럽게 말을 이어갔다.

"혹시… 다음 대회 준비를 저랑 함께해볼 생각 있으신가요? 저는 판매할 상품이 있고 민재님은 웹 개발 능력이 있으니, 같이 하면 좋은 결과가 있을 것 같아요."

민재는 고개를 갸웃하며 말했다. "아, 음… 지금은 조금 갑작스러워서… 생각을 좀 해봐야 할 것 같아요."

"아! 그렇군요.. 네, 괜찮습니다. 지금 당장 말씀해주시지 않으셔도 좋습니다." 세준은 준비해온 쪽지를 내밀었다.

"이건 제 연락처예요. 편할 때 연락주세요."

며칠 뒤, 세준의 휴대폰이 울렸다.

"여보세요?"

"안녕하세요. 저번에 대회장에서 뵀던 박민재입니다. 함께하자는 제안, 긍정적으로 고민해보고 싶어서요."

세준은 속으로 소리를 지르고 싶었지만, 창업 워크숍에서 들었던 비즈니스 매너를 떠올리며 최대한 차분하게 대답했다.

"감사합니다. 그럼 어머니 식당에서 만나 식사하면서 이야기 나눌까요?"

며칠 뒤, 세준의 어머니 식당. 두 사람은 함께 식사를 마친 후 조심스럽게 사업 계획 이야기를 나누기 시작했다.

"앱의 익명 신고 기능은 제가 맡을 수 있어요. 웹 쪽은 민재님이 잘하시니까, 시스템 연동만 함께 고민하면 될 것 같고요."

"좋아요. 개발 일정은 제가 정리해볼게요." 민재가 동의했다.

그때 이안이 식당에 들어섰다. "오~ 두 사람 회의 중인가요?"

"선생님! 저희 이제 같이 하기로 했어요."

"잘됐네요. 민재 학생, 저번에 발표했던 웹페이지 좀 볼 수 있을까요?"

민재가 보여준 웹페이지를 이안은 유심히 살폈다.

"사용자 경험도 괜찮고, 구조도 깔끔하네요. 디자인은 조금만 손보면 완성도 훨씬 올라갈 것 같아요. 이 정도면 충분히 다음 대회에 출전해볼 수 있겠는데요?"

민재와의 미팅을 마친 뒤, 세준은 노트를 꺼내 들었다. 앞으로 함께 풀어나갈 수많은 과제들, 어떻게 나눌지, 무엇부터 시작할지 생각하니 기분이 묘하게 들떴다.

그날 밤, 단톡방이 개설됐다. 이름은 아직 '새 창업팀'으로 되어 있었다.

"팀 이름 정해야 하지 않아요?"

세준이 조심스레 물었다.

민재가 'ㅎㅎ'라는 웃는 이모티콘을 보내며 답했다.

"좋아요. 이름 지어봅시다."

몇 가지 후보가 오갔다.

하지만 어느 것도 두 사람을 잘 설명해주지는 못했다. 그러다 세준이 장난스럽게 말했다.

"그냥 우리 이름 앞글자 따서 세민컴퍼니 어때요? SEMIN Co."

민재는 한참을 말없이 있다가 이내 웃으며 대답했다.

"의외로 괜찮은데요? 딱 봐도 우리가 주인이란 걸 알 수 있고, 의미도 좋고."

세준도 웃었다.

"그럼, 이제 진짜 우리만의 브랜드가 생긴 거네요."

그날 밤, 단톡방 이름은 '세민컴퍼니'로 바뀌었다.

며칠 뒤, 이안 선생님과의 첫 비즈니스 미팅 자리에서 세준은 조금은 당당하게 말했다.

"안녕하세요. 저희는 세민컴퍼니입니다. 학교폭력 예방과 청각장애인 접근성 문제를 함께 해결할 기술을 개발하고 있습니다." 이안은 고개를 끄덕이며 말했다.

"팀 이름에서 벌써 진심이 느껴지네요. 이건 두 사람이 진짜 팀이 되었다는 의미니까요."

4장

새로운 앱 '캐치급식'을 기획하다!

4장 새로운 앱 '캐치급식'을 기획하다!

그래, 작은 것부터 다시!

크라우드 펀딩이 실패로 끝난 후, 세준은 자신이 꿈꾸던 학교폭력 예방 앱에 대해 다시 생각하기 시작했다. 그 아이디어는 단순한 과제가 아닌, 세상을 바꿔보겠다는 열망의 시작이었다. 혼자서 시스템을 설계하고 기능을 구상하며 밤을 지새운 날들이 쌓였지만, 창업대회 피드백은 냉정했다.

"기획은 훌륭하지만, 구현까지 생각해보셨나요?"
"학생 혼자 개발하기에는 기술 장벽이 높을 것 같아요."
"정말 좋은 생각이에요. 하지만 지금 단계에서 실현 가능성은…"

그 말은 마치, 꿈꾸는 자신을 무력화시키는 벽처럼 다가왔다. 혼자서 학교폭력 신고 시스템을 구현해보려고 밤낮없이 검색하고, 앱 화면을 구상하며 스케치북을 가득 채웠던 시간들이 무색해지는 느낌이었다.

"나는 정말 세상에 도움을 주고 싶었던 거였는데…. 왜 안 되는 거지?"

하지만 마음 한편에서는 어렴풋이 알고 있었다. 자신이 생각한 앱은 너무 방대했다. 신고 시스템, 실시간 알림, 관리자 모드, 익명 데이터 분석…. 하나하나가 개발자 여러 명이 붙어야 겨우 가능할까 말까 한 일이었다.

그런데도 세준은 그 사실을 애써 외면하고 있었다.

'나는 진심이니까, 누군가는 도와줄 거야.'라고 막연히 믿었기 때문이다.

그때, 민재가 말했다.

"세준아, 넌 너무 큰 걸 해결하려고 한 거야. 물론 멋진 일이긴 한데… 우리가 당장 만들 수 있는 문제도 충분히 가치 있을 수 있어."

세준은 창업노트 뒤편을 넘겼다. 그동안 떠오른 문제 상황과 해결 아이디어를 빼곡하게 적어 둔 페이지들이 펼쳐졌다. 거기에는 이런 문장들이 적혀 있었다.

불편한 점: 배식 문제

- 점심시간에 줄이 너무 길다.
- 줄 서느라 밥을 다 못 먹고 수업에 늦는다.
- 인기 반찬은 뒤에 서면 거의 못 먹는다.
- 친구랑 같이 먹고 싶은데, 줄이 안 맞아서 못 먹는다.
- 줄 문제로 싸운 친구들도 있다.

세준은 손가락으로 조용히 그 문장을 따라가고 있었다. 그때 옆에서 들여다보던 민재가 말했다.

"야, 이거 진짜네. 줄 서는 거 진짜 짜증나긴 해."

그러더니 민재는 장난스럽게 웃으며 말했다.

"이거 딱 '급식셔틀'이네."

"뭐?"

"빵셔틀이 대신 빵 사오는 거면, 이건 대신 급식 줄 서주는 거잖아. 진짜 앱 이름으로 괜찮지 않냐? 어차피 우리가 직접 줄은 못 서주니까, 앱이 대신 줄을 서주는 거지."

세준은 처음에는 피식 웃었지만 곧 다시 노트를 들여다보며 중얼거렸다.

“앱으로 줄을 예약해서, 내 순서를 확인하고, 알림으로 알려주고…”

그 순간, 머릿속에서 하나의 선이 연결되기 시작했다.

“진짜… 이거 가능하겠다!”

실제로 며칠 전, 세준은 같은 반 친구들끼리 점심시간에 다퉜던 상황도 기억났다. 인기 메뉴가 나오는 날에는 줄이 길어져서 뒤쪽에 서면 반찬을 못 받는 일이 허다했고, 늦게 온 친구를 기다리다 싸움이 나는 일도 드물지 않았다. 점점 세준은 이 아이디어가 실현 가능하면서도 진짜 도움이 될 수 있겠다는 생각이 들었다.

“좋아. 앱으로 급식 줄 서는 걸 단축시켜주고 급식 먹을 수 있는 시간도 예상 가능한 이 아이디어, 진짜 너무 좋은 것 같아. 흐름은 생각해봤어?”

“뭐, 간단해. 급식실 입구에 QR 코드 같은 거 하나 크게 인쇄해 놓고. 앱으로 인식시키면 내가 급식실에 입장한 걸로 나오는 거야. 그리고 내 앱에는 내가 몇 번째 순서인지 실시간으로 볼 수 있고 내 앞에 10명 정도 남았다면 줄을 서라는 알람이 뜨는 거지.”

“흠… 이정도면 우리끼리 코딩으로 개발해 볼 수도 있을 것 같은데? 예산도 많이 필요 없을 것 같아.”

“우리 누나가 그랬는데 ChatGPT와같은 AI로 코딩도 진짜 잘할 수 있대. 우리 이걸로 도전해보자.”

세준과 민재는 AI의 도움을 받아 자신들의 급식셔틀 아이디어를 상세하게 공유했다. 그리고 AI가 제안한 급식셔틀 앱의 핵심 구조 기능은 다음과 같았다.

급식셔틀 앱의 핵심 구조/기능 변경

1. 사용자 관리
   - 학생들의 기본 정보(이름, 학년, 반) 관리
   - 대기열 참여 상태 추적
2. 대기열 관리 시스템
   - 실시간 대기 순서 관리
   - 대기 인원 자동 업데이트
3. 알림서비스
   - 앞에 10명이 남았을 때 자동 알림
   - 실시간 대기 순서 확인 기능
4. QR코드 스캐너
   - 급식실 입구 QR 코드 인식
   - 입장 시간 기록

확실히 AI의 도움을 받으니 진행 속도가 빨라졌다. 심각한 학교 안전 문제에서 시작했지만, 일상적인 불편함을 해결하는 방향으로 전환하여 오히려 더 실현 가능한 프로젝트로 점점 완성시켜가는 세민컴퍼니였다.

성공의 핵심은 아이디어가 아닌 구체화

"우와, 진짜 대박이다. AI로 진행하니까 이렇게 쉬운 거였어. 정말 앱 하나 개발하는 데 개발자 쓴다고 돈 괜히 엄청나게 쓸 뻔한 거 아니야?"

AI가 만들어준 제안서와 AI가 보여주는 코딩을 보고 신이 나서 설레발을 치는 민재였다. 하지만 정말 이대로 따라하면 되는 것인지 의구심이 드는 세준은 마냥 민재처럼 신이 나지는 않았다.

"흠… 민재야 진짜 될까?"

"당연하지. AI가 알려주는 대로만 하면 돼. 하다가 모르는 게 있으면 공부하면서 하면 되고! 시작이 반이라는 말도 있잖아!"

초여름의 햇살이 비치는 한 카페에서, 세준과 민재는 새로운 세상을 마주하며 앱 개발에 열중하고 있었다.

"여기 봐. AI가 데이터베이스 구조도 알려줬어." 민재가 화면을 가리키며 말했다. "학생 정보, 대기열 상태, 시간대별 혼잡도까지 다 저장할 수 있대."

세준은 천천히 고개를 끄덕였다. 정말로 AI만으로 될까 싶었던 앱 개발이 조금씩 현실이 되어가는 것이 신기했다. 그때 복도에서 발자국 소리가 들려왔다. 두 사람은 그 발자국 소리도 듣지 못한 채 얼이 빠진 상태로 AI가 내놓는 결과들을 바라보고 있었다. 이안 창업가는 카페에 들어와 열중하여 잔뜩 얼굴이 상기된 두 학생들에게 말을 건넸다.

"여러분들, 엄청 열중해서 작업 중이군요. 이번에 시도할 주제가 달라졌다고 들었어요. 새롭게 시작한 프로젝트는 잘 진행되고 있나요?"

"네!" 두 사람이 동시에 대답했다.

"흠… 급식 자동 줄서기? 재미있어 보이는데요? 다 만들면 저도 봐도 될까요? 보면서 피드백 줄 수 있는 부분은 도와줄게요."

"저희야말로 정말 감사하죠!"

이안 창업가의 격려와 응원의 말에 더욱 열심히 해야겠다는 의지가 샘솟는 두 친구였다.

"자, 이제 그럼 UI 디자인으로 넘어가볼까?" 민재가 새로운 창을 열며 말했다.

"응!" 세준도 이제는 조금 자신감이 생긴 목소리로 대답했다.

밤은 깊어가지만, 카페 안 두 소년의 작은 도전은 마치 대낮처럼 뜨겁게 이어지고 있었다.

하지만 그들은 아직 몰랐다. 앞으로 마주하게 될 현실의 벽이 얼마나 높은지를.

착각의 끝, 배움의 시작

일주일이 지났다.

"아… 진짜 모르겠다."

민재가 키보드에서 손을 떼며 한숨을 쉬었다. 모니터 화면에는 빨간색 오류 메시지들이 가득했다.

"이게 대체 지금 어디서 오류가 나고 있다는 거야? 확인하려면 어떻게 해야 된다는 거야?"

민재 못지않게 지친 세준의 표정이었다. "나도 모르겠어. AI가 알려준 대로 했는데…"

처음에는 순조로워 보였다. AI가 제시한 코드를 따라 치기만 하면 될 것 같았다. 하지만 현실은 달랐다. 데이터베이스 연결 에러, 문법 오류, 라이브러리 충돌 등 모르는 용어들이 폭포수처럼 쏟아졌다.

"우리가 너무 순진했던 것 같아." 민재가 의자를 뒤로 제끼며 풀이 죽은 목소리로 말했다.

"그냥 코드 복사해서 붙여넣기만 하면 될 줄 알았는데…"

세준도 고개를 끄덕였다.

"응. 이게 다 무슨 뜻인지도 모르는데 어떻게 고쳐야 할지도 모르겠고…."

두 사람은 한동안 말없이 빨간 오류 메시지만 바라보았다. 창밖으로는 저녁 노을이 지고 있었다.

"오늘도 카페에 있었군요."

갑자기 들린 목소리에 두 사람은 깜짝 놀라 돌아보았다. 카페 문 앞에 이안이 서있었다.

"앱을 만든다길래, 잘 안되는 부분들이 있는지 해서 들러봤어요." 이안이 웃으며 말했다.

"아, 네." 세준이 머뭇거리며 대답했다. "그런데 잘 안돼요."

이안은 두 학생의 모니터를 천천히 살펴보았다.

"처음에 누구나 겪는 일이에요. GPT나 AI 도구는 빠른 길을 알려줄 수는 있지만, 그 길을 걸어가는 건 결국 여러분이에요."

"네…." 민재가 고개를 푹 숙이며 말했다. "저희가 너무 쉽게 생각했나봐요. AI가 시키는 대로만 하면 되는 줄 알았거든요. 근데 막상 코드를 고치려고 하니까 뭐가 뭔지도 모르겠어요."

이안은 의자를 끌어와 두 사람 곁에 앉았다.

"괜찮아요. 실패하는 것도 배우는 과정이에요. 개발자들도 처음에는 똑같이 헤매요. 중요한 건 지금처럼 직접 만들면서 부딪히는 거예요. 이게 진짜 공부랍니다."

두 사람은 말없이 고개를 끄덕였다. 그저 AI가 시키는 대로만 하면 될 줄 알았다. 하지만 시키는 대로 코드를 적용시키려 하면 어디에 코드를 붙여야 할지, 어떻게 컴포넌트를 분리해야 할지도 이해가 가지 않았다. 그저 빨리 만들고 싶다는 마음에 기초적인 공부는 생략하고 무작정 뛰어든 것이다. 처음의 자신감은 온 데 간 데 없고, 현실의 높은 벽 앞에서 한없이 작아지는 기분이었다.

세준은 조심스레 물었다. "그럼 저희 지금부터 뭘 해야 할까요?"

"일단 기초부터 제대로 배우는 게 좋아요. 제가 정리해둔 HTML, CSS, 자바스크립트 기본 커리큘럼이 있어요. 그걸 기반으로 다시 시작해보죠."

민재가 눈을 반짝이며 말했다.

"선생님도 같이 도와주실 수 있어요?"

이안은 고개를 끄덕이며 미소 지었다.

"물론이죠. 세민컴퍼니의 첫 번째 앱인데, 저도 같이 응원하고 싶어요."

그날 이후, 두 사람은 기초부터 다시 공부하기 시작했다. 개발은 느렸지만, 한 줄 한 줄 자신들의 손으로 코드를 써 나가며 앱은 점점 현실이 되어갔다. 이제 그들은 알았다. 성공의 핵심은 멋진 아이디어가 아니라, 그것을 현실로 만들어낼 수 있는 '구체화하는 힘'이라는 것을.

천천히, 그러나 제대로

이안이 준 프로그래밍 자료를 가지고 공부를 시작한 지 한 달이 지났다.

"아, 이제야 무슨 말인지 알겠다."

민재가 HTML 태그를 하나하나 입력하며 중얼거렸다. 한때는 외계어처럼 보였던 코드가 이제는 구조가 보이기 시작했다.

"그러게, CSS로 이렇게 디자인을 바꿀 수 있다니…!"

세준은 화면의 버튼이 바뀌는 것을 보며 미소를 지었다. JavaScript로 버튼이 실제로 동작하도록 하고, 데이터베이스에 정보가 쌓이는 것을 볼 때에는 너무나도 신기해서 소름이 돋을 정도였다. 기초를 다지는 데에만 한 달이라는 시간이 꼬박 필요했다. 점심시간에도 도서관에서 코딩 책을 빌려보았고, 유튜브 강의를 수없이 반복해서 봐야 했다.

"이제 무슨 뜻인지 알겠어." 세준이 AI의 코드 제안을 보며 말했다.

"그러니까. 전에는 그냥 복붙만 했는데, 이제는 이 코드가 실제로 어떻게 동작하는지도 알 것 같아."

두 사람은 기초적인 변경 사항이나 제작은 AI에게 묻지 않고 본인 스스로 코드를 짤 수 있을 정도로 성장해 있었다. 아직은 부족하고 서툴지만, 한 달 전과는 비교도 할 수 없을 만큼 성장한 자신들의 모습이 뿌듯했다.

예상과 다른 결과, 하지만 핵심은 '문제해결력'

3개월 후, 여름방학이 끝나갈 무렵.

"드디어… 드디어 완성이다!" 세준이 마지막 코드를 입력하며 벌떡 일어났다. 세준과 민재는 자기들도 모르게 서로를 껴안았다. 3개월 동안 피와 땀으로 일궈낸 '급식셔틀' 앱이 마침내 첫 시험 단계를 앞두고 있었다.

지난 3개월은 그들의 인생에서 가장 길고도 짧은 시간이었다. 데이터베이스 설계에서만 2주를 헤맸다. 학생 정보를 어떻게 저장할지, 실시간 대기열은 어떻게 처리할지, 보안은 어떻게 강화할지 등 고민의 연속이었다. 서버 구축은 더 큰 산이었다. AI의 도움이 있었지만, 매번 새로운 문제가 튀어나왔다.

여름방학 내내 두 사람은 매일 모였다. 다른 친구들이 여름휴가다, 선행학습이다, 일반적인 일상을 보내는 기간 동안 자신만의 길을 걸어가는 두 친구에게 후회는 없었다. 하기 싫은 일을 해야 해서 한숨이 나는 일상보다 작더라도 내가 원하는 세상을 만들어가는 것은 생각보다 훨씬 더 매력적인 일이었다.

"진짜… 이게 될까?"

"잘 될거야. 이제 우리가 얼마나 성장했다고."

민재의 걱정 어린 말에 오히려 용기를 북돋는 세준이었다. 세준의 목소리에는 자신감이 넘쳤다.

개학 첫날. 아직 여름이 한창인 것만 같은 9월의 시작점에서 개학식 방송이 시작되었다.

"자, 오늘부터 우리 학교에서 시범적으로 '급식셔틀' 앱을 도입하기로 했습니다." 교감 선생님의 안내에 학생들이 술렁였다.

"이 앱은 푸른중학교 김세준 학생과 금화중학교 박민재, 두 학생이 직접 만든 앱으로, 점심시간의 혼잡을 해소하기 위한 혁신적인 시도라고 할 수 있습니다. 허허허."

세준과 민재의 노력에 힘을 보태기 위해 이안은 적극적으로 교무실을 찾아가 교장·교감 선생님을 설득했고, 그 결과 학교 측에서도 시범 운영을 허가하게 된 것이다. 교감 선생님의 말씀을 듣는 세준과 민재는 심장이 터질 것 같았다. 민재의 손은 땀으로 흠뻑 젖어 있었고, 세준은 긴장감에 다리를 멈추지 못하며 계속 떨고 있었다. 눈앞의 장면이 꿈인지 현실인지 구분하기 어려울 정도로, 지난 3개월간의 모든 노력과 고생이 한순간에 빛을 발하는 기분이었다.

주변에서 들려오는 "우와!", "대박!", "진짜 대단하다!"라는 친구들의 반응은 감격을 더욱 증폭시켰다. 친구들의 반응 속에서 세준과 민재는 더없이 큰 성취감을 느꼈다. 가슴은 기대와 희열로 벅차올랐고, 서로를 향해 환하게 웃으며 작게 속삭였다. "우리 해냈다." 이 순간은 단순한 결과 이상의 의미였다. 열정과 믿음, 그리고 끊임없는 도전이 결국 세상에 작은 변화를 만들어낼 수 있다는 것을 증명해낸 순간이었으니까.

이제 세민컴퍼니는 진짜로 '움직이는 회사'가 되었다.

배움이 만든 한 걸음

하지만 기쁨도 잠시였다.

점심시간이 되자마자 첫 번째 재앙이 찾아왔다. 천 명에 가까운 학생들이 동시에 접속하면서 서버가 비명을 질렀다. "접속 오류", "서버 에러", "앱이 계속 튕겨요!"라는 메시지가 학교 단체 채팅방을 도배했다.

"어떡해. 이건 예상 못했는데…." 세준이 창백한 얼굴로 노트북을 들여다보았다. 민재는 이마에 식은땀이 맺힌 채 서버 로그를 확인하고 있었다.

더 큰 문제는 그다음이었다. 겨우 접속해 성공한 학생들이 앱 알림을 받고 우르르 급식실로 몰려들었다. QR 코드를 찍으려는 학생들의 새로운 줄이 급식실 앞 복도를 가득 메웠다. 원래의 급식 줄은 사라졌지만, 그 자리를 QR 코드 인증을 위한 더 긴 줄로 대체된 것이다.

"저기… 이거 원래 있던 줄보다 더 심각한 거 아닌가요?" 영양사 선생님의 난감한 목소리가 들려왔다.

"학생들이 줄 서는 대신 교실에서 기다리다가 한꺼번에 몰려오니까…."

그리고 마지막 타격이 날아왔다.

"'급식셔틀'이라고?" 교무실에서 들려온 한 선생님의 날카로운 목소리가 복도를 울렸다.

창가에 기대선 세준과 민재의 어깨가 축 처졌다. 창밖으로 보이는 하늘은 여전히 맑았지만, 그들의 마음 속은 먹구름이 가득했다. 열정과 자부심으로 만든 그들의 첫 앱이, 차가운 현실의 벽에 부딪히는 순간이었다.

"잠깐, 너희 둘 이리 와볼래?" 정보부장 선생님의 목소리가 들렸다.

"교무실에서 회의를 좀 하자."

교무실에 모인 것은 정보 선생님뿐만이 아니었다. 학생부장 선생님, 영양사 선생님, 그리고 학년 부장 선생님들까지… 세준과 민재는 긴장된 마음으로 자리에 앉았다.

"먼저, 너희 노력은 정말 대단해." 정보선생님이 말문을 열었다.

"하지만 현재 몇 가지 문제가 있어서 다들 의견을 나누고 싶다고 하셨어."

다음 한 시간 동안, 선생님들은 차례로 의견을 제시했다. 놀랍게도 그들의 태도는 꾸짖는 것이 아닌, 함께 해결책을 찾아가는 것이었다.

"서버 문제는 기술적으로 해결할 수 있을 것 같아." 정보 선생님이 의견을 주었다.

"트래픽을 분산하는 방법을 찾아보고 있어요." 세준이 조심스럽게 말했다.

"그런데 QR 코드 인증은 어떡하죠?" 민재가 물었다.

영양사 선생님이 미소를 지으며 말했다.

"사실 나랑 조리사분들이랑 같이 좋은 아이디어를 하나 생각해왔어. 각 반별로 급식 순서를 정해서 매월 로테이션으로 돌리는 거야. 앱은 각 반별로 정해진 시간에 알림만 보내주면 되고. 이 부분이 좀 더 학생들에게도 공평할 것 같고, 너희도 개발하기 편할 것 같은데."

"아…" 세준의 눈이 빛났다. "그럼 QR 코드를 찍는 혼잡도 없어지고, 애들이 빨리 줄서기 버튼 누르려고 트래픽이 몰리는 것도 막을 수 있겠네요."

"맞아요." 학생부장 선생님이 끄덕였다.

"한 타임당 한두 개 반만 줄을 서면, 기존에 15~20분씩 기다리던 게 5분 정도면 충분할 거예요. 1,000명의 학생들이 매일 10분 이상씩 시간을 절약할 수 있죠."

회의가 끝나갈 무렵, 교감 선생님이 마지막 화두를 던졌다.

"그런데… 이름이 문제야. '급식셔틀'이라는 말이 영 마음에 걸리는데…."

"아, 그거요!" 세준이 갑자기 펄쩍 뛰며 말했다.

"페이스북에서 전교생 대상으로 새 이름을 공모하면 어떨까요?"

다음날부터 학교 페이스북 페이지는 활기로 가득했다. '급식의 민족', '캐치급식', '런치타임' 등 수많은 제안들이 올라왔다. 그리고 마침내 최종 선정된 이름이 발표되었다.

"캐치급식!" 민재가 새로운 로고를 보며 환하게 웃었다.

"간단하면서도 세련됐다."

한 달 뒤, 세준이 후배에게 물었다.

"오늘 급식 대기 시간이 얼마나 됐어?"

"음… 5분? 우리 반 순서 알림 오자마자 축구하다가 뛰어갔거든요. 형 덕분에 점심시간에 완전 편해요!"

세준과 민재는 서로를 바라보며 미소 지었다. 처음의 실패는 결국 더 나은 해결책을 찾는 계기가 되었다. 그들의 첫 앱은 이제 진정한 의미의 학교 급식 혁신을 이뤄내고 있었다.

5장

세준과 민재의 '캐치급식' 앱 성공기: 마케팅의 중요성을 배우다

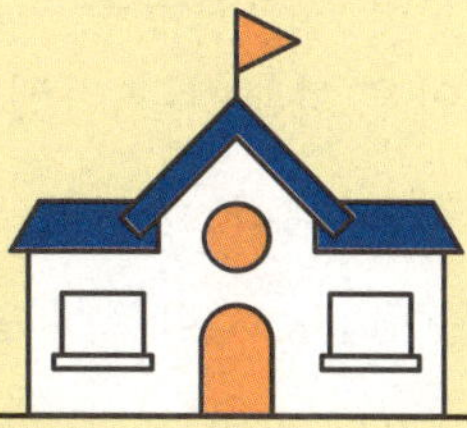

5장 세준과 민재의 '캐치급식' 앱 성공기: 마케팅의 중요성을 배우다

앱의 출시와 예상 밖의 저조한 반응

세준과 민재는 자신들이 만든 '캐치급식' 앱이 학교 급식 문제를 혁신적으로 바꿀 수 있다고 확신했다. 베타 테스트에서도 긍정적인 반응이 이어졌다.

"줄 서는 스트레스가 없어졌어요."

"친구랑 나란히 앉을 수 있어서 점심시간이 더 즐거워졌어요."

학생들은 입을 모아 칭찬했고, 일부 선생님들도 "시범 운영 이후 급식실이 훨씬 조용해졌다."라며 격려했다.

세준과 민재는 점점 고무됐다. "이제 공식 출시만 하면 전국의 학교에서 우리 앱을 쓰게 될 거야!" 두 사람은 열정에 가득 찬 모습으로 앱을 출시했다.

하지만 한 달이 지나도록 실제 사용 중인 학교는 손에 꼽을 정도였다. 앱 다운로드 수는 기대 이하였고, 사용자 리뷰도 거의 없었다.

"아니, 우리가 만든 앱은 혁신적이고 학생들에게 꼭 필요한데, 왜 이렇게 반응이 없는 거지?" 세준은 답답한 마음으로 이안을 다시 찾았다.

세준의 이야기를 들은 이안은 차분히 조언했다.

"사람들이 앱을 안 쓰는 게 아니라, 아마도 앱의 존재 자체를 모르는 경우가 많을 거예요. 좋은 제품이라도 사람들이 알아야 사용할 수 있죠. 이제 마케팅을 통해 사람들에게 알리는 방법을 고민해봐야 합니다."

"그럼 어디서부터 시작해야 할까요?" 세준이 물었다.

"가장 먼저, 캐치급식의 핵심 사용자층을 다시 생각해보세요. 이 앱을 실제로 사용할 사람은 누구죠?"

"학생들이요! 그리고 교사와 학부모도 잠재적인 사용자일 수 있겠네요."

"좋아요. 그럼 학생들에게 다가갈 방법과 교사, 학부모에게 다가갈 방법을 각각 다르게 설정해보는 게 좋겠네요. 학생들은 보통 시간을 어디에 가장 많이 소비할까요?"

"학생들은 SNS나 숏폼 플랫폼을 자주 사용해요!"

"그렇죠. 그럼 이런 식은 어때요? 급식실에서 줄 서며 지루해하는 모습을 짧은 상황극으로 만들고, '이제 기다림은 끝!' 같은 문구와 함께 앱을 소개하는 거예요."

"우와! 그거 재밌겠어요. 친구들이 보다가 자연스럽게 앱에 관심 가질 것 같아요."

이안은 고개를 끄덕이며 말을 이었다.

"그리고 선생님이나 학부모님들께는 안전성과 효율성 같은 메시지가 더 중요해요. '학생 분산으로 사고 위험 감소', '점심시간 관리 용이' 같은 구체적인 데이터를 제시하면 설득력이 높죠."

세준은 문득 자신이 지금까지 너무 기능에만 집중했음을 깨달았다.

"아무리 좋은 기능도… 누군가 써 주지 않으면 소용없겠네요."

"맞아요. 저도 처음에는 '기술'이 전부인 줄 알았죠. 하지만 이제 보니, 사람들의 마음을 움직이는 일도 제품의 일부라는 걸 알겠어요."

그 순간, 세준은 다시 창업노트를 펼쳤다.

이번엔 기술 기능 옆에 큼직하게 이렇게 썼다.

"알리는 것도 창업이다."

기술을 알리는 힘, 마케팅!

세준은 앱을 출시한 지 한 달이 지났지만 생각만큼의 반응이 오지 않자, 고민 끝에 학생 대상 설문조사를 실시했다.

일주일 동안의 설문조사를 실시한 결과, 중학생들이 가장 많이 활용하는 SNS 플랫폼은 틱톡과 인스타그램이 각각 35%, 27%로 각각 1, 2위를 기록했다. 특히 많은 학생들이 "짧고 웃긴 영상이면 끝까지 본다.", "학교 관련 콘텐츠라도 밈이면 친구랑 공유한다."라고 추가 의견을 덧붙였다.

세준과 민재는 곧장 틱톡과 인스타그램 계정을 개설했다. 단순한 정보 전달은 지루하다는 의견을 반영해, 그들은 콘텐츠 방향부터 철저히 고민했다.

"우리 계정을 그냥 정보만 전달하는 딱딱한 공간으로 만들면 안 돼." 세준이 말했다. "학생들이 재미있게 느낄 만한 콘텐츠를 만들어야 해. 그래야 계속 찾아오지."

민재는 고개를 끄덕이며 세준의 이야기에 집중했다.

"'급식 줄 탈출 브이로그' 어때? 첫 장면은 줄 길게 서 있다가 한숨 쉬는 거, 그다음은 앱 쓰고 바로 식판 들고 입장!"

"좋다! 그리고 '급식 20분 기다린 썰 푼다!' 같은 밈도 좋겠는데?"

"좋네! 아니면 이건 어때? 학생들에게 앱을 사용하면 작은 보상을 주는 이벤트를 열어보는 것도 좋을 것 같아. 선착순 몇 명에게는 챌린지 영상 공모, 쿠폰 제공, 출석 포인트 같은 제도를 도입해서 나중에 작은 선물을 받을 수 있게 하는 거지. 혜택이 있으면 사람들은 더 쉽게 관심을 가질 거야."

역시 같은 또래의 입장에서 생각하는 거라서 그런지, 학생들이 관심을 가질만한 요소를 잘 파악하고 있는 세준과 민재였다. 일주일 만에 세준과 민재는 영상 3편을 업로드하고, 선착순 댓글 이벤트와 해시태그 챌린지도 함께 기획했다.

"그럼 교사와 학부모님들은 어떻게 하면 좋을까? 이분들도 학생들과 똑같은 접근법으로 가는 게 맞을까?" 세준의 질문에 민재가 잠시 생각하더니 고개를 끄덕였다.

"음… 내가 볼 때는 교사와 학부모는 재미보다는 실질적인 효율성이 더 중요할 것 같아. 실제로 우리의 앱으로 인해 줄어든 급식 대기 시간을 통해 학생들이 점심시간에 얼마나 더 여유를 가질 수 있는지, 그리고 학교의 전체적인 운영이 어떻게 변화되었는지를 데이터로 보여줄 필요가 있어 보여!" 세준이 말했다.

"오! 좋은 방법인데? 아예 차라리 프레젠테이션이나 이메일 등을 활용해서 정기적으로 보고를 하는 것도 좋을 것 같아. 소비자들과의 직접적인 소통 또한 중요하니까." 민재도 세준의 말에 동의하였다.

세준과 민재는 논의 결과를 바탕으로 곧바로 실행에 옮겼다. 세준은 앱 사용 전후의 데이터를 정리하기로 했다. '점심시간 단축 평균 12분', '혼잡도 불만 제보 0건', '학생 만족도 93%' 등의 수치를 막대그래프와 인포그래픽으로 시각화하였다. 그 자료는 학급 공지, 교무회의, 가정통신문을 통해 프레젠테이션 형식으로 공유되었다.

특히 지역 교육청에도 이메일로 발송하여 '학교 생활의 질 향상'이라는 주제로 기사화되기까지 했다.

마케팅 전략을 시작한 지 3주 후, 놀라운 변화가 일어났다. 틱톡과 인스토그램 영상은 업로드 5일 만에 조회수 4만 회를 넘었고, "이거 진짜 우리 학교도 해주세요.", "이 앱 깔면 진짜 점심시간이 살아나요." 같은 댓글이 줄을 이었다.

교사들은 효율성 보고서를 통해 시범 운영 의사를 밝히기 시작했고, 학부모들은 "점심시간 후 아이 표정이 달라졌다."라는 반응을 보였다.

결과적으로 앱 사용량은 출시 초기에 비해 약 120% 정도 늘었고, 지역 내 대부분의 중학교는 물론 인근 중·고등학교에서도 '캐치급식'을 모르는 학생이 없을 만큼 입소문을 타며 빠르게 퍼져나갔다.

몇 주 후, 세준은 이안을 찾아가 말했다.

"선생님, 처음에는 마케팅이 기술보다 덜 중요하다고 생각했어요. 그런데 지금은 마케팅이 없었다면 이 성공도 없었을 거라는 걸 깨달았어요. 기술은 나의 생각을 구현하는 것이라면, 마케팅은 그것을 다른 사람들에게 이해시키는 말이더라구요."

이안은 미소 지으며 말했다.

"정확해요. 마케팅은 단순히 제품을 파는 게 아니라, 사람들에게 필요성을 느끼게 하고 관심을 끌 수 있는 다리와 같은 존재예요. 이제 사람들은 줄을 서지 않아도 된다는 걸 알게 되었고, 그것이 바로 여러분들을 성공으로 이끌어 줄 것입니다."

세준과 민재는 서로를 바라보며 웃었다.

"이제 시작이에요, 선생님. 우리 '세민컴퍼니'는 더 많은 학생들을 위해 다음 도전을 준비하겠습니다."

그들의 도전은 계속되었고, 그들은 더 큰 꿈을 향해 나아갔다.

학교를 넘어, 세상을 바꾸는 협력

'캐치급식' 앱이 지역 학교들 사이에서 점차 알려지며 사용자는 꾸준히 증가했다. 하지만 세준과 민재는 여전히 더 많은 학교와 기관이 앱을 활용하기를 바랐다.

"우리 앱이 학생들에게 얼마나 큰 도움을 줄 수 있는지 아직 많은 학교가 모르는 것 같아. 학교뿐만 아니라 지역 교육청이나 기관과도 협력하면 더 많은 사람들에게 다가갈 수 있을 거야." 민재가 말했다.

세준도 이에 동의하며 말했다.

"맞아. 학교만을 대상으로 하기보다는 지역 교육청, 청소년 지원센터와 같은 기관들과 손잡으면 더 많은 학교에서 관심을 가질 거야."

세준과 민재는 지역 교육청에 앱을 소개하기 위해 프레젠테이션 자료를 준비했다. 그들은 단순히 앱의 기능을 나열하는 데 그치지 않고, 데이터와 사례를 통해 설득력 있는 스토리를 만들기로 했다.

"교육청 관계자들에게 우리 앱이 어떻게 학생들의 학교생활을 바꾸는지 보여주는 게 중요해." 세준은 스스로 다짐하며 자료를 준비했다.

1. 학교 현장의 문제 진단

- 급식 대기 시간이 길어 학생들이 점심시간을 제대로 활용하지 못하는 문제
- 학생들이 급식 정보와 메뉴를 확인할 수는 있으나 쉽게 확인할 수 없다는 점이 문제
- 이러한 문제가 학생들의 스트레스를 증가시키고, 학교 운영에도 비효율을 초래한다는 데이터

2. '캐치급식' 앱의 주요 기능

- 실시간 급식 대기 상태 표시: 학생들이 줄을 서기 전에 대기 시간을 확인할 수 있음
- 급식 정보 제공: 메뉴, 칼로리 정보 등 학생들이 급식을 선택하는 데 필요한 정보를 손쉽게 확인
- 알림 기능: 학생들에게 급식 대기 상태나 메뉴 변경 사항을 알림으로 제공

3. 성공 사례

- 앱을 도입한 학교에서 급식 대기 시간이 평균 40% 감소
- 학생 87%가 "앱 사용 후 점심시간 활용도가 크게 향상되었다."라고 응답한 설문조사 결과
- 알림 기능: 학생들에게 급식 대기 상태나 메뉴 변경 사항을 알림으로 제공

4. 교육청 지원의 필요성

- 교육청의 지원을 통해 지역 내 모든 학교에 앱을 도입하면, 학생 복지와 학교 운영 효율성을 크게 향상시킬 수 있음
- 학생들과 학부모들이 교육청의 이런 혁신적인 지원을 긍정적으로 평가할 것이라는 점

두 사람은 교육청 프레젠테이션 자료를 준비하며 밤늦게까지 교실에 남았다.

"이 그래프 위치 괜찮아?"

"좀 더 위에 놓고, 학생 인터뷰를 앞부분에 배치하자. 사람들은 이야기부터 집중하거든."

그들은 서로의 발표를 녹음하고, 수정하며, 다시 연습했다.

"학생이 발표하는 건 드문 일일 테니, 더 깔끔하고 진정성 있게 가보자."

드디어 발표날, 교육청 회의실에 들어선 세준과 민재는 긴장된 표정으로 자리에 섰다. 세준은 숨을 크게 들이쉬고 또박또박 발표를 시작했다.

"안녕하세요. 저희는 중학생 창업팀 '세민컴퍼니'입니다. 오늘은 저희가 개발한 '캐치급식' 앱이 어떻게 학생들의 삶을 바꾸고 있는지를 말씀드리려고 이 자리에 섰습니다."

세준은 발표 초반에 학생들이 길게 줄을 서 있는 사진과 함께 문제를 제기했다.

“이 장면, 익숙하시죠? 지금 보시는 것처럼 점심시간이 되면 많은 학생들은 급식 줄을 서고 기다리면서 오랜 시간을 보냅니다. 이로 인해 점심을 먹는 시간은 겨우 10~15분에 불과합니다. 이것은 단순한 불편함의 문제뿐만 아니라, 학생들의 학업 효율성과 전반적인 학교 운영에도 영향을 미친다는 점을 아시나요?”

교육청 관계자들은 고개를 끄덕이며 세준의 발표를 경청했다.

뒤이어 민재가 앱 기능을 소개하며 화면 시연 영상을 재생했다.

“앱은 실시간 대기열 정보와 급식 알림을 제공하며, 간단한 QR 코드로 체크인만으로 줄 설 필요를 없앨 수 있습니다.”

그들은 단순한 기능 설명에 머물지 않고, 도입 전후의 데이터와 실제 후기를 제시했다.

“‘캐치급식’ 앱을 도입한 한 학교에서는 대기 시간이 40% 줄었고, 학생 만족도가 크게 향상되었습니다.”

세준은 막대그래프와 설문 통계차트를 보여주며 설명을 이어갔다.

“이 앱은 단순히 시간을 절약하는 것을 넘어, 학생들이 스트레스 없이 점심시간을 즐길 수 있도록 돕습니다. 또한 학교 관리자들에게는 효율적인 운영 방안을 제공합니다.”

세준은 프레젠테이션의 마지막 부분에서 교육청의 지원이 얼마나 중요한지를 강조했다.

“이 앱은 학생들의 삶을 변화시키고 학교 운영을 개선할 수 있는 강력한 도구입니다. 하지만 더 많은 학교에 이를 도입하기 위해서는 교육청의 지원이 필요합니다. 교육청의 지원이 지역 내 모든 학교에서 이 혁신을 가능하게 만들 것입니다.”

“학생들이 이 앱 덕분에 더 행복한 점심시간을 보내고 있다는 이야기를 직접 들어보시죠."

세준은 앱을 사용 중인 학생들의 인터뷰 영상을 보여주며 발표를 마무리했다.

발표가 끝난 후, 교육청 관계자들은 깊은 관심을 보이며 질문을 던졌다.

"앱 도입 비용은 얼마나 드나요? 그리고 유지보수는 어떻게 이루어질 예정인가요?"

"교사들이 이 앱을 운영하는 데 추가적인 부담이 생기지는 않나요?"

질문이 이어졌고, 세준과 민재는 차분하게 응답했다.

"앱 도입 비용은 학생 1인당 약 1,000원 수준이며, 중앙 서버에서 일괄 관리됩니다. 인터페이스는 교사들이 쉽게 쓸 수 있도록 설계했고, 데이터 보호도 클라우드 기반 보안 체계를 갖추었습니다."

교육청 관계자들의 눈빛이 달라졌다.

"학생들이 만든 앱이라고 하기에는 완성도가 높네요."

"시범 운영할 만한 충분한 가치가 있어 보입니다."

교육청의 한 관계자는 말했다.

"학생 복지와 학교 운영 효율성을 함께 개선할 수 있는 앱이라니 정말 인상적이네요. 저희가 지원할 방안을 적극 검토하겠습니다."

며칠 후, 교육청은 지역 내 공립학교에 '캐치급식' 앱을 도입하는 파일럿 프로그램을 진행하기로 결정했다.

"이 파일럿 프로그램이 성공한다면, 다른 지역 교육청에도 사례를 공유해 전국적으로 확산될 가능성이 있습니다." 관계자는 말했다.

첫 시범 학교에서는 점심시간 질서가 눈에 띄게 좋아졌고, 교사와 학생의 만족도 역시 높았다.

파일럿 프로그램

먼저 작은 규모로 시범 운영해보고, 효과와 문제점을 확인한 다음 본격적으로 확대 시행할지를 결정하는 과정

"급식 시간이 기다려져요."

"친구랑 편하게 밥 먹을 수 있어서 좋아요."

학생들의 인터뷰 영상은 교육청 내부 뉴스레터에 실릴 정도였다.

세준은 기쁜 마음으로 말했다.

"이제 첫걸음을 뗐습니다. 앞으로 더 많은 학생들이 '캐치급식'의 혜택을 누릴 수 있도록 노력하겠습니다."

교육청과의 협력은 단순히 자금 지원을 넘어, 앱이 지역 내 모든 학교에서 필수적인 도구로 자리 잡는 데 큰 계기가 되었다. 세준과 민재는 자신들의 도전이 지역 사회를 변화시키고 있다는 것을 실감하며 더 큰 목표를 향해 나아갔다.

몇 주 뒤, 세준은 이안을 찾아가 말했다.

"선생님, 이번 경험을 통해 제가 깨달은 게 있어요. 아무리 좋은 아이디어와 기술이 있어도 혼자서는 한계가 있다는 거예요. 기관과 학교와의 협력을 통해 앱을 더 많은 사람들에게 알릴 수 있게 되었어요."

이안은 미소 지으며 말했다.

"맞아요. 창업은 네트워크와 협력의 힘으로 성장하는 거죠. 이제 '캐치급식'은 단순한 앱이 아니라 학교와 지역 사회를 연결하는 중요한 매개체가 된 거예요. 이게 바로 진정한 성공입니다."

세준과 민재는 하늘을 올려다보며 말했다.

"이제 전국으로 갈 거예요."

"학교 급식의 새로운 표준, 우리가 만들어보고 싶어요."

그들의 열정은 더 넓은 세상을 향하고 있었다.

밤하늘의 별들이 하나둘 빛을 내듯, 우리의 꿈도 차근차근 현실이 되어가고 있었다.

6장

어려움 해결과 지속 가능한 사업 만들기

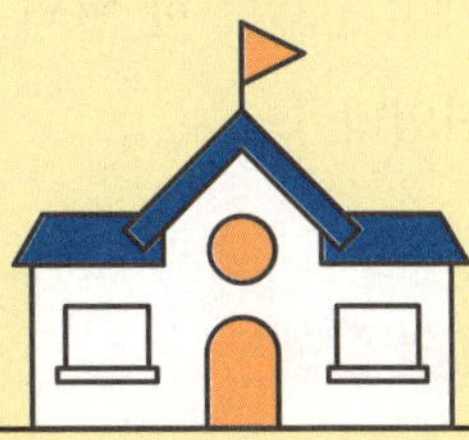

6장 어려움 해결과 지속 가능한 사업 만들기

세준과 민재는 캐치급식 앱을 운영하며 숱한 위기와 도전을 마주했다. 학교 점심시간에 길게 줄서야 하는 불편을 해결하고자 시작한 프로젝트였지만, 현실은 이들이 예상했던 것보다 훨씬 복잡했고, 때론 가혹하기도 했다. 그럼에도 불구하고, 이들은 실패와 좌절을 반복하면서도 끊임없이 문제를 해결해 나갔다. 그 과정에서 얻은 교훈과 경험은 앱을 더 나은 서비스로 성장시키는 발판이 되었고, 동시에 두 사람을 한층 성숙하게 만들었다.

1 창업 과정에서 자주 만나는 문제들

세준과 민재가 만든 캐치급식 앱은 학교 점심시간에 긴 줄을 서야 하는 불편을 해소하겠다는 취지로 개발되었다. 처음 서비스를 시작했을 때는 주변 친구들이 신기하다는 반응을 보이며 꽤 인기를 끌었다. 그러나 학생들의 기대와 달리, 기술적 결함과 서버 문제는 한 번의 해결로 끝나지 않았고, 여러 차례의 좌절과 중단이 반복되었다.

1차 시도: 서비스 시작과 첫 장애

서비스를 시작한 지 3일 만에, 점심시간에 예상보다 많은 학생이 동시에 접속하자 서버가 완전히 다운되는 사태가 벌어졌다.

“앱 접속이 안 돼!”

“이럴 거면 그냥 줄을 서지….”

급기야 학교 게시판에는 “캐치급식 쓸모없다.”라는 글이 올라오고, 학생들은 불만을 터뜨렸다.

세준과 민재는 급히 코드를 점검하며 밤새 부하 테스트를 진행했지만, 문제는 쉽게 잡히지 않았다. 결국 서비스는 일시 중단되었고, 두 사람은 첫 번째 실패를 인정해야 했다.

> 이 시도를 통해 우리는 ‘서버 용량’과 ‘부하 분산’이라는 개념을 처음 배웠다.

2차 시도: 서버 업그레이드 후 재도전

약 일주일 동안 서버 업그레이드와 프로그램 수정에 매달린 뒤, 두 사람은 “이제는 괜찮을 것”이라는 믿음을 갖고 서비스를 다시 오픈했다.

“서버를 더 좋은 호스팅으로 옮겼으니 이번에는 문제없을 거야.”

하지만 점심시간이 되자, 접속자 수가 한꺼번에 몰리면서 응답 속도가 극도로 느려지는 문제가 발생했다. 앱이 완전히 멈추진 않았지만, 예약이 지연되고 데이터가 늦게 반영되는 상황이 이어졌다.

학생들은 답답함을 호소했고, 일부는 다시 게시판에 불만을 남겼다.

“조금만 나아졌지, 아직도 느려서 답답해.”

세준과 민재는 오류 로그를 살펴보며, 이번에는 코드 최적화가 문제라고 결론 내렸다.

이때 우리는 '서버 속도'는 단순 용량보다 코드의 효율성과 응답 로직 설계가 중요하다는 것을 배웠다.

3차 시도: 코드 최적화의 함정

두 사람은 불필요한 함수를 찾아내고, 중복된 코드를 정리했으며, 데이터베이스 쿼리 효율을 높이는 작업을 진행했다. 새벽까지 이어진 작업 끝에 "이제는 정말 OK!"라며 다시 앱을 열었지만, 사흘 후에 접속 폭주로 서버가 또 멈춰버렸다.

"그나마 멈추는 주기가 늘어난 거야? 아니면 뭐가 또 문제지?"

민재는 초조한 표정으로 서버 로그를 뒤졌다.

세준은 좌절감을 느끼면서도 포기할 수 없었다.

"이렇게 계속 주저앉을 거면 우리 왜 창업한 거야? 다음에 또 멈출까 봐 무섭지만… 그래도 해결해야지."

그들은 다시 서비스를 중단하고, 분산 서버 구조를 적용하기 위한 준비에 들어갔다.

이 시도를 통해 우리는 '겉보기 성능'보다 백엔드 구조와 전체 흐름의 이해가 중요하다는 사실을 깨달았다.

4차 시도: 분산 서버의 이중성

분산 서버 구조로 전환한 뒤, 서비스는 한동안 안정적으로 돌아가는 듯했다. 접속자가 몰리는 시간대에도 이전만큼 심각한 문제는 없었고, 학생들의 반응도 조금씩 긍정적으로 변했다.

하지만 안심도 잠시, 데이터 동기화 오류가 발생하며 학생들의 예약 정보가 서로 다른 서버에 엇갈려 저장되는 사건이 생겼다. 예를 들어, A 학생은 이미 예약이 완료되었다고 생각했지만, 다른 서버엔 그 기록이 없어 예약이 없다고 뜨는 식이었다.

"나 예약했는데, 왜 취소됐다고 나와? 도대체 뭐가 문제야?"

세준과 민재는 난감해하며 코드를 추적했다. 데이터가 여러 서버에 분산되다 보니 동시에 업데이트되는 시점이 충돌을 일으켰던 것이다. 두 사람은 다시 한번 서비스를 일시 중단할 수밖에 없었다.

우리는 이 과정을 통해 '동기화 오류'라는 개념을 알게 되었고, 데이터의 일관성과 실시간 반영의 어려움을 체감했다.

5차 시도: 중앙 통합 시스템으로 안정화 시도

이번에는 데이터 동기화를 원활하게 처리하기 위해 '중앙 관리 시스템'을 도입하기로 했다. 각 서버가 주기적으로 중앙 서버에 정보를 보고하고, 그곳에서 일괄 통합해 다시 분산하는 구조였다. 이 작업에 몇 주가 걸렸고, 학생들의 반응은 그 사이 시들해졌지만, 세준과 민재는 지속 가능한 서비스를 만들기 위해 묵묵히 개선을 거듭했다.

다섯 번째 수정이 끝난 후, 두 사람은 다시 서비스를 열었다. 다행히 학생들의 예약이 정확하게 기록되고, 동시에 접속자가 몰려도 서버가 버텨주는 모습을 보이기 시작했다.

"이번에는 제대로 된 건가?"

세준은 반신반의했지만, 한 달여 동안 큰 사고 없이 앱이 작동하는 것을 확인하고서야 비로소 안도의 한숨을 내쉬었다.

이 시도를 통해 우리는 '서버 구조 설계'와 '중앙화-분산화의 균형'이라는 고급 개념을 실전에서 익혔다.

기술과 끈기 사이의 성장

다섯 번의 기술적 문제와 해결 과정을 거치며, 캐치급식 앱은 어느 정도 안정성을 확보하게 되었지만, 그 대가로 학생들의 관심은 많이 식어버린 상태였다.

"우리가 이렇게 고생했는데, 앱을 쓰는 사람은 예전만큼 많지 않네…."

민재는 씁쓸해하며 말했다. 세준은 서버 로그를 보며 학생이 점차 다시 늘어나긴 하지만, 처음의 폭발적 반응을 회복하기는 쉽지 않음을 실감했다.

그래도 둘은 서로를 격려했다.

"첫 술에 배부를 수 없잖아. 이미 몇 번을 멈췄다가 다시 시작했으니, 이 정도면 우리가 할 수 있는 건 다 해봤어."

"아직은 많이 부족하지만, 우리가 기술적으로 정말 많이 배웠잖아. 이 경험이 쌓여서 나중에는 더 좋은 서비스를 만들 수 있을 거야."

그리고 아직 완벽하지는 않아도 어떤 문제든 끝까지 해결하려는 그들의 태도 덕분에 친구들과 일부 학생들 사이에서는 "그래도 캐치급식이 낫다."라는 긍정적인 반응이 서서히 다시 나오기 시작했다. 그제서야 두 사람은 안도의 한숨을 내쉴 수 있었다.

계속되는 도전

여전히 완벽하지 않은 상태로, 세준과 민재는 캐치급식 앱을 재가동했다. 매번 문제를 만날 때마다 서비스 중단과 재개를 반복했지만, 그 과정에서 두 사람은 기술적 능력뿐 아니라 창업에 필요한 끈기와 책임감을 배워나갔다.

"한 번의 중단으로 실패라고 단정 짓지 말자. 매번 문제가 생기면 그걸 해결하는 길이 분명히 있을 거야."

세준과 민재는 다음에 또 무슨 문제가 생길지 몰랐지만, 그동안의 경험을 통해 포기하지 않는 것이야말로 그들에게 가장 큰 자산이라는 사실을 알게 되었다.

이렇게, 캐치급식 앱은 여전히 크고 작은 문제에 부딪히면서도, 멈추지 않고 개선을 거듭하며 천천히 학생들의 사랑을 받아가고 있었다. 그리고 세준과 민재에게는, 실패와 중단을 반복하는 치열한 과정 자체가 진정한 창업의 의미를 깨닫게 하는 값진 자산으로 남았다.

하지만 새로운 도전은 늘 예상치 못한 방식으로 다가왔다. 이번에는 서버도 고객도 아닌, 외부에서 다가오는 위협이었다.

2 경쟁이 심한 시장에서 살아남기

캐치급식 앱이 학교 내에서 일정한 자리를 잡고, 학생들의 긍정적인 반응을 얻으며 세준과 민재는 한숨 돌릴 수 있을 거라 기대했다. 그간의 고군분투가 결실을 맺는 순간, 잠시나마 그들은 성공의 여운에 빠져들었다. 그러나 그들의 안도는 오래가지 않았다. 호흡을 고르기도 전에 새로운 문제가 불거졌다.

다른 학교에서도 비슷한 아이디어를 가진 팀들이 등장하기 시작한 것이다. 처음에는 그저 경쟁 정도로 여겼지만, 소문은 점차 확산되었고, 그중 하나는 규모가 큰 대형 IT 기업이 학교와 협력하여 개발 중이라는 소식이었다. 그들의 서비스는 더 강력한 자원을 바탕으로 진행되고 있었고, 이미 몇몇 학교와 협약을 맺었다는 이야기도 들려왔다.

그리고 충격적인 일이 일어났다. 캐치급식 도입을 앞두고 있던 인근 B중학교에서 갑작스럽게 연락이 왔다.

"죄송합니다. 학교 내부 논의 끝에, A사와 협약을 체결하게 되어 캐치급식 도입은 보류하기로 했습니다."

메일을 읽은 순간, 세준의 손에서 휴대폰이 미끄러질 뻔했다.

"우리랑 협약하려던 학교잖아…."

민재는 눈을 동그랗게 뜨며 말했다.

세준은 아무 말 없이 고개를 떨궜다. 그동안의 노력이 한순간에 무너지는 듯한 허탈감이 밀려왔다.

대기업의 시장 진입 소문

하루는 학교 게시판에 이런 글이 올라왔다. "A사에서 우리 학교랑 협력해 급식관리 서비스 만든대! 이번엔 더 빠르고 안정적이라던데?" 이 글을 본 학생들은 기대감을 나타냈고, 자연히 캐치급식에 대한 관심이 줄어들었다. 어떤 학생들은 "곧 대기업 서비스가 올 텐데 굳이 캐치급식을 쓸 필요가 있을까?"라는 반응을 보이기도 했다.

세준은 침울한 목소리로 말했다.

"이제 막 서버 문제를 안정시켰는데, 대기업이 뛰어든다면 우리의 앱은 어떻게 살아남지?"

민재도 걱정스러운 표정을 감추지 못했다.

"우리가 기술력이 뛰어난 것도 아니고, 자금이 넉넉한 것도 아니잖아…."

두 사람은 대기업의 움직임을 파악하기 위해 가능한 정보를 수집했다. 타 학교 학생들과 연락해 해당 서비스에 대한 초기 반응이나 기술 수준을 알아보았다. 학교 관계자나 선생님들에게도 간접적으로 얘기를 물어보며, 실제 도입 시기를 파악했다. 하지만 여전히 뾰족한 수는 떠오르지 않았다. "대기업을 어떻게 이겨?"라는 자괴감이 스멀스멀 몰려왔다.

비슷한 중소규모 경쟁자의 출현

대기업뿐만이 아니었다. 소셜 미디어를 통해 다른 학교 학생들이 만든 '스쿨런치플랜'이나 '맛있는학교' 같은 중소규모 서비스들도 인기라는 소문이 들렸다.

민재는 걱정스레 물었다.

"우리만 이런 아이디어로 창업하는 게 아니었구나. 다들 생각하는 건 비슷한가 봐."

세준은 공책을 뒤적이며 대답했다.

"이 앱들, 우리와 차별점이 있나? 우리보다 먼저 시작해서 이미 안정화된 서비스를 제공한다면 어떡해?"

두 사람은 경쟁 서비스를 직접 사용해보거나 관련 리뷰를 찾아봤다.

• 스쿨런치플랜: UI/UX가 직관적이고, 광고 없이 운영되어 학생들 사이에서 호평

• 맛있는학교: 급식 메뉴별 영양정보를 상세하게 제공, 학부모와 영양사에게 인기

세준과 민재는 이 경쟁자들의 강점을 분석하며, 캐치급식만의 차별화된 가치가 필요함을 절감했다.

차별화 전략 모색

대기업과 중소규모 경쟁자들 사이에서, 세준과 민재는 학생들과 직접 소통하며 맞춤형 서비스를 제공하는 쪽으로 방향을 잡았다.

"우리가 가진 최고의 장점은 직접 친구들에게
피드백을 빠르게 받는다는 거야."

세준은 친구들을 모아 간단한 설문조사를 진행했다. 실제로 어떤 기능이 필요하고, 어떤 점이 불편한지 등 학생들의 솔직한 의견을 들었다.

그 결과 다음과 같은 개선 아이디어가 나왔다.

1. 급식 메뉴별 인기도 실시간 표시
   학생들이 직접 별점을 매겨 인기도를 올리면, 다른 학생들이 인기 메뉴를 참고할 수 있음
2. 자유로운 메뉴 코멘트 기능
   학생들이 오늘의 급식에 대해 짧은 코멘트를 남길 수 있도록 하여, 학교 급식 개선에 직접 참여
3. 긴급 피드백 채널
   갑작스러운 메뉴 변경이나 재고 소진 시, 학생들에게 빠르게 알림을 보내 혼선을 줄임
4. 균형 잡힌 다이어트를 위한 세부적인 칼로리 표시
   다이어트 하는 학생들을 위해 메뉴별 칼로리를 표시하고 꼭 필요한 최소한의 영양을 위해 섭취해야 하는 양을 구체적으로 보여줌

캐치급식만의 차별화 전략으로 안정화를 꾀하던 중, 대기업에서 준비 중이던 서비스가 드디어 시범 운영을 시작했다는 소식이 들렸다. 그들은 학교 측에 파격적인 장비 지원과 무료 서버 호스팅을 제안하며 공격적인 프로모션을 진행하고 있었다.

"이 정도면 우리랑은 스케일이 완전 다른 걸…."

세준은 거대한 자본력 앞에서 절망감을 느꼈다. 주변 친구들도 대기업 서비스에 호기심을 보이기 시작했다.

이 부분에 대해 창업가 이안과 상담한 결과, 두 사람은 애착을 가지고 만든 앱임을 강조하고, 학생 밀착형 피드백 서비스를 더욱 강화하기로 했다.

즉, 대기업이 일일이 대응하기 어려운 부분

학생 개개인의 세부 요구를 빠르게 반영하는 것

이것이야말로 세준과 민재의 진짜 무기였다.

그들은 메뉴 추천 알고리즘을 조금 더 정교화해 사용자마다 취향을 반영한 급식 메뉴 추천 기능을 추가했고, 교내 동아리 협업을 통해 학교 급식을 주제로 한 웹툰이나 이벤트도 앱 내에서 진행했다.

이런 노력은 학생들에게 "캐치급식이 우리와 함께 성장한다."라는 인상을 심어줬다.

결과적으로 대기업 서비스의 파격적인 조건 앞에서 일부 학교는 그 서비스로 갈아타는 모습을 보였다. 하지만 세준과 민재가 직접 운영하는 학교에서는 오히려 캐치급식 앱에 대한 충성도와 애정이 높아졌다.

"비록 시장은 더 치열해졌지만, 우리가 찾은 길이 틀린 건 아니라고 생각해."

세준은 앱의 실시간 인기도 그래프를 보며 말했다.

"돈이나 규모는 못 따라가도, 우린 학생들의 목소리를 즉각 반영하는 게 강점이잖아. 그걸 계속 살려보자."

민재도 공감하며 고개를 끄덕였다.

이렇게 경쟁이 심한 시장에서도, 세준과 민재는 자신들만의 방식으로 살아남기 위한 도전을 멈추지 않았다. 대기업이나 다른 경쟁자와 비교했을 때 규모는 작았지만, 그들은 학생들에게 진짜로 필요한 기능을 빠르게 구현해내며, 작지만 강한 존재로 자리 잡고 있었다.

3 고객 불만과 문제를 해결하는 방법

캐치급식 앱이 어느 정도 안정화되어 학교에서 다시금 주목을 받게 되었을 무렵, 세준과 민재는 이번에는 의외의 곳에서 문제가 발생한다는 사실을 알게 되었다. 학생들이 아닌, 학부모로부터 항의글이 올라온 것이다.

"앱에 잘못된 급식 메뉴가 표시돼서,
아이가 알레르기 있는 음식을 먹을 뻔했어요.
이런 일이 반복되면 사용할 수 없을 것 같아요."

글은 단 몇 줄이었지만, 세준과 민재에게는 청천벽력과 같았다.

"학생들의 편의를 위해 만든 앱이, 오히려 아이에게 해를 끼칠 뻔했어?"

민재는 깜짝 놀라며 문제가 된 메뉴 정보를 확인했고, 세준은 즉시 학교 관리자에게 연락해 실제 메뉴 변경 과정을 점검했다. 조사 결과, 영양사가 메뉴를 변경했음에도 불구하고 캐치급식 앱에는 기존 정보가 그대로 유지되고 있었던 것이 원인이었다.

더 큰 문제는 항의 글이 빠르게 확산되며 학부모들 사이에서 불신이 퍼졌고, 심지어 일부 학교에서는 '캐치급식'과의 협약을 잠정 취소하겠다는 연락까지 받게 되었다.

"우리가 아이들 건강을 위험하게 만들었다는 오해까지 받고 있어…."

세준은 절망적인 심정으로 말했다.

두 사람은 앱을 일시 중단하고, 메뉴 검증 프로세스를 근본부터 손보기로 결심했다.

메뉴 검증 프로세스 강화

두 사람은 다시 한번 앱을 일시 중단하고, 메뉴 정보가 실제와 다르게 표시되는 이유를 찾아 나섰다. 영양사가 메뉴를 수정한 후, 학교 행정실이 서류로 확인하고, 이를 캐치급식 앱에 반영하는 과정이 오래 걸렸다. 앱이 일정 주기로만 메뉴 정보를 갱신해, 즉각적인 변경 사항이 반영되지 못했다.

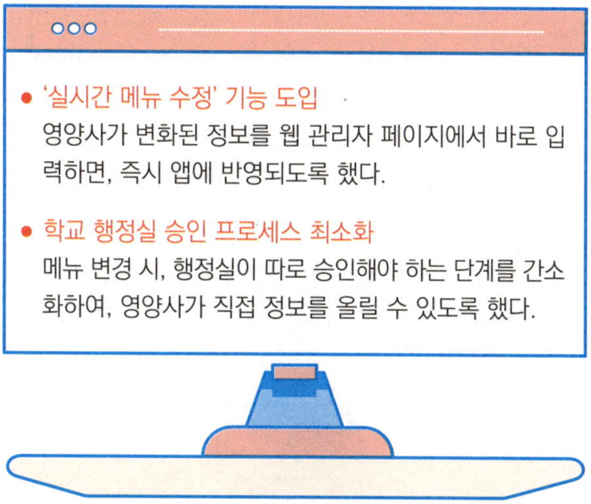

하지만 이 작업에도 일주일 이상이 소요되었고, 그 사이 앱에 대한 학부모들의 신뢰는 더욱 낮아졌다.

알레르기 필터링 기능 도입

메뉴 검증 프로세스를 강화하는 것만으로는 아이들의 건강을 100% 보장하기 어려웠다. 세준은 민재에게 아이디어를 제안했다.

“학생 개개인의 알레르기 정보를 등록해서, 위험한 음식이 있을 경우 자동으로 알림이 뜨면 어떨까?”

민재는 즉시 기술적 가능성을 검토했고, 알레르기 정보를 사전에 등록하면 해당 메뉴가 표시되지 않거나 경고창이 뜨는 ‘알레르기 필터링 기능’을 추가하기로 결정했다.

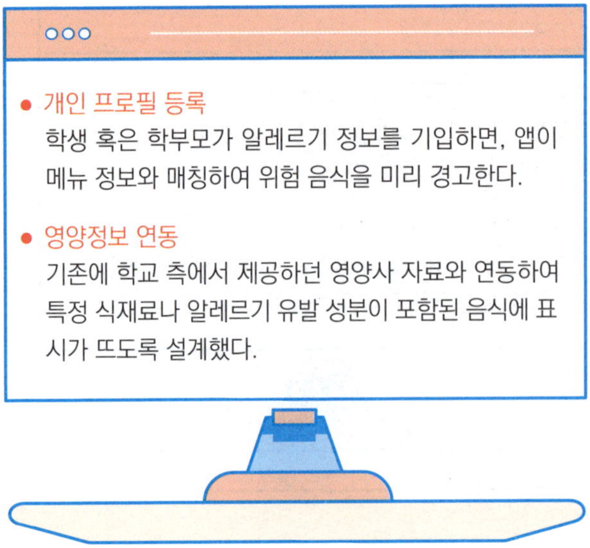

두 기능을 적용하는 데 2주가 소요되었고, 다시 한번 앱은 중단되었다.

“계속 중단하고 다시 열면, 학생들과 학부모가 신뢰를 잃지 않을까?”

민재가 걱정스레 물었다.

“그래도 제대로 된 서비스를 제공하기 위해서는 잠깐 멈추고 고치는 게 맞아. 이게 최선이야.” 세준은 단호하게 말했다.

그리고 2주 뒤, 알레르기 필터링 기능을 장착한 캐치급식 앱이 다시 가동되었다. 다행히 이번에는 큰 문제 없이 작동해, 학부모들 사이에서 좋은 반응이 생겨났다.

모든 기능이 안정화된 뒤, 민재는 문제를 제기했던 학부모에게 직접 전화했다.

“안녕하세요, 캐치급식 운영팀 박민재입니다. 지난번 일로 많이 놀라셨죠. 저희가 알레르기 필터링 기능과 메뉴 수정 프로세스를 강화했는데, 불편함 없이 잘 쓰고 계신가요?”

학부모는 다소 여유 있는 목소리로 말했다.

“처음에는 사용 중단하려고 했는데, 새로 업데이트된 앱을 보니 알레르기 위험을 미리 알려주더군요. 크게 신경 써주셔서 감사해요. 앞으로도 잘 부탁합니다.”

세준과 민재는 전화를 끊으며 안도의 한숨을 쉬었다. 그들은 이번 사건을 통해 고객 불만이 단순히 위기가 아니라, 서비스를 개선할 기회라는 사실을 깊이 깨달았다. 이 학부모 항의 사건은 세준과 민재에게 큰 충격을 주었지만, 동시에 앱의 신뢰도와 안정성을 높이는 계기가 되었다.

그들은 각 학교 학부모회를 대상으로 기능 설명 자료를 배포하고, 앱 개선 현황을 보여주는 간단한 영상도 SNS를 통해 공유했다. 그 결과, 학부모 커뮤니티 내에서는 ‘사용자 의견을 반영해 빠르게 개선하는 앱’이라는 긍정적인 이미지가 점차 회복되었다.

세준은 저녁에 민재와 함께 앱의 새 버전을 점검하며 말했다.

“우리 앱이 고쳐지고, 더 나아질 수 있었던 건 사실 이런 항의와 불만 덕분이야.”

민재도 고개를 끄덕였다.

“맞아. 문제 해결 과정이 힘들긴 했지만, 결국 서비스가 더 좋아졌잖아.”

두 사람은 이번 일을 교훈 삼아, 앞으로도 발생할 불만이나 문제 상황을 피하기보다 적극적으로 개선하는 기회로 삼겠다고 다짐했다. 그렇게 고객 불만은 위기가 아니라 성장의 발판임을 진정으로 깨닫게 되었다.

4 지속 가능한 운영을 위한 수익 모델의 고민

캐치급식 앱이 학교에서 자리를 잡고, 학생들에게 인정받기 시작하자 세준과 민재는 또 다른 현실적인 문제와 맞닥뜨렸다. 유지 비용이 점점 커지고 있었던 것이다.

학교 내에서 캐치급식 앱을 사용하는 학생 수가 늘어나면서, 서버 트래픽도 폭증했다. 사용자 수에 맞춰 서버 용량을 늘려야 했고, 업그레이드할 때마다 비용이 만만치 않았다. 뿐만 아니라, 버그를 수정하고, 보안 패치를 적용하는 데 쓰이는 개발 리소스가 계속 필요했다.

여기에 더해, 학생들의 앱 사용이 활발해지자 더 많은 홍보를 해야 할 필요성을 느꼈다. 몇몇 학생들은 "캐치급식 덕분에 점심시간 줄 서는 게 줄어들었다."라고 좋게 말했지만, 여전히 이 앱을 모르는 친구들도 많았다.

"앱 홍보를 더 하려면 광고비가 드는데, 이미 서버 비용도 벅찬 상황이야."

세준은 통장 잔고를 확인하며 한숨을 쉬었다. 현재까지 캐치급식 앱은 무료로 운영되고 있었다. 애초에 학교폭력 신고 앱을 준비하다가, 급식 문제까지 해결해보자는 취지로 시작한 프로젝트였기에 '학생들에게 부담을 주고 싶지 않다.'라는 마음이 컸다.

하지만 현실적으로 수익 모델이 전혀 없는 상태에서 서버 비용과 운영비용을 계속 감당하기란 불가능에 가까웠다.

민재는 고민하며 말했다.

"결국 돈이 필요하다는 얘긴데… 학생들한테 유료화할 수도 없잖아."

세준은 이를 악물며 대안을 찾기 시작했다.

두 사람은 처음에 기부나 후원을 받아볼까 하는 생각을 했다. 학교 측이나 학부모, 지역사회가 앱의 가치를 알아봐 주면, 운영비 정도는 지원받을 수 있지 않을까 하는 기대와 함께 시작했다.

먼저 세준이와 민재는 가용 가능한 학교 예산을 살펴보았다. 다행히 일부 지원을 받긴 했지만, 지속적으로 운영비를 충당하기에는 턱없이 부족했다.

또한 이미 학교폭력 예방 앱을 준비하던 시절 한 번 시도했던 크라우드 펀딩도 한 번 더 도전을 해보았으나 일회성 후원으로는 지속적으로 지출되는 고정비용을 감당하기에는 역부족이었다.

"일회성 후원으로는 앱을 계속 운영하기 어렵겠어."

세준은 학부모나 후원자들에게 계속 손을 벌릴 수도 없는 노릇이라며, 고개를 저었다.

학생들이 많이 이용하는 기능을 유료화해볼까 하는 생각도 했지만, 두 사람은 이내 거부감을 느꼈다.

"점심시간 배식을 편하게 예약하려고 쓰는 건데, 유료로 바꾸면 학생들이 안 쓰지 않을까?"

"우리 목표가 돈을 버는 게 아니라 학생들의 불편을 해결하는 거잖아. 이런 접근은 맞지 않는 것 같아."

결국 유료화 방안은 포기하고, 다른 방법을 모색하기로 했다. 고민 끝에 세준과 민재는 광고 모델을 도입하기로 결론을 내렸다. 그러나 학생들이 사용하는 앱에 무분별한 광고가 붙으면 불편이 가중될 수 있다는 우려들도 있었다.

"광고가 화면 절반을 차지하는 앱은 너무 싫어!"

"광고 클릭만 유도하는 수준이라면 학생들이 바로 앱을 지울 걸."

이런 부정적 상황을 피하기 위해, 급식 메뉴와 연관된 광고만 허용하는 방식으로 광고를 설계하기로 결정했다.

이에 광고 도입 여부를 위해 학생 자문단을 구성하여 논의를 하였고 회의 결과 반드시 교육적 가치를 담은 광고만 허용하는 방식으로 진행하기로 결정했다.

1. 메뉴 연동 광고

특정 메뉴(예: 닭가슴살 샐러드)와 연계해, 관련 업체의 간단한 배너가 게재되도록 했다.

2. 학습형 광고

영양 정보나 음식의 역사 같은 내용을 재미있게 구성해주는 광고를 광고주와 협업해, 지나치게 상업적이지 않게 꾸몄다.

3. 광고 노출 제한

한 학생에게 일정 개수 이상의 광고가 뜨지 않도록 하여 광고로 인한 피로감을 줄였다. 관련 업체나 브랜드를 통해 장학금이나 이벤트를 진행할 수 있게 되자, 학생들의 반응도 호의적으로 변했다.

4. 잔반없는 식판 인증

잔반없는 식판을 3회 이상 인증하면 광고 뛰어넘기를 선택할 수 있게 했다. 이렇게 했더니 광고를 보는 피로감도 줄일 수 있고 음식물 쓰레기도 줄일 수 있었다.

도입 초기에는 “앱에 광고가 붙는다니?”라며 반발도 있었지만, 다행히 광고의 양을 최소화하고 콘텐츠를 교육적으로 꾸민 덕에 대부분의 학생은 큰 거부감을 드러내지 않았다. 오히려 관련 정보를 얻을 수 있어서 좋다는 의견을 낸 학생들이 많았다.

민재는 서버 모니터링 화면을 보며 흐뭇하게 말했다.

“광고 수익이 들어오니까, 이제 서버 비용은 좀 수월해졌어. 더 이상 생활비를 쏟아부을 필요는 없겠다.”

세준도 안도하며 웃었다.

“처음에는 광고 달면 학생들이 싫어할 줄 알았는데, 생각보다 괜찮네. 다행이다.”

부족하지만, 지속 가능한 운영을 향해 광고 모델이 완벽한 해결책은 아니었다. 광고주를 찾는 과정에서 업체 설득에 시간을 쏟아야 했고, 수익도 꾸준히 늘어나는 건 아니었다. 하지만 안정적인 자금 흐름이 전혀 없던 과거에 비하면 큰 진전이었다.

일정 수준의 광고 수익이 생기면서, 개발 유지비와 홍보 비용을 감당할 여력이 생겼다. 여분의 자금이 생기자, 팀은 더 안정적인 서버 환경과 고객 지원에 투자하기 시작했다.

“이제 학생들이 불편해하지 않는 선에서 더 많은 기능을 추가해볼 수도 있겠어.”

세준은 한결 가벼워진 마음으로 미래를 그렸다.

“완벽하진 않지만, 우린 계속 앞으로 나아가고 있어. 이 방식이라면, 캐치급식은 꾸준히 성장할 수 있어.”

결국, 사업을 오래 유지하기 위한 비결은 학생들에게 부담을 주지 않는 선에서의 지속적 수익 모델 구축이라는 결론에 이르렀다.

“기술적으로 안정을 찾은 뒤에는, 결국 돈이 있어야 서비스도 발전할 수 있더라고."

세준과 민재는 대단한 자본이나 대기업의 후원이 아니더라도, 소박하지만 현실적인 방법으로 앱을 지키고 개선하는 길을 찾았다는 사실에 안도와 성취를 느꼈다.

5 실패를 두려워하지 말고 계속 도전하기

어느 날 저녁, 민재는 체육 수업을 준비하던 중 친구들의 투덜거림을 보게 되었다.

하루가 멀다 하고 예약이 꼬이자, 결국 체육 시간은 흐지부지 흘러갔다.

그 모습을 지켜보던 세준의 눈이 번쩍 뜨였다.

"야… 우리, 예약 시스템에 대한 경험이 있잖아. 캐치급식 예약 기능에서

썼던 기술, 이거 그대로 쓰면 체육관 예약도 쉽게 할 수 있지 않을까?"

민재도 곧장 반응했다.

"그러네! 체육관만 있는 것도 아니고, 시청각실이나 동아리실, 실습실까지 전부 예약이 필요하잖아. 그런데 지금은 전부 수기로 관리되니까 중복도 생기고, 누락도 생기고…."

그들은 단순한 아이디어를 넘어서 문제의 본질을 분석하기 시작했다.

현재 체육관 예약 방법의 문제점

- 시설 예약이 종이 공지나 수기로 관리돼서 중복 예약이 자주 발생한다는 점
- 담당 선생님이 바뀌거나 자리에 없으면 확인이 어려워지는 점
- 예약 상황을 실시간으로 확인할 수 있는 시스템이 없다는 점

"우린 이미 예약 로직, 사용자 권한 설정, 실시간 조회 기능까지 다 만들어봤잖아. 공간만 다를 뿐 구조는 같아." 민재는 그 자리에서 스케치북을 꺼내 아이디어 구성을 시작했고, 세준도 곧 옆에 앉아 기능 흐름을 정리해 나갔다.

세준은 순간 망설였다.

"캐치급식도 아직 완벽하진 않은데, 괜히 다른 프로젝트까지 벌였다가 더 힘들어지면 어쩌지?"

민재는 고개를 끄덕이며 신중한 태도를 보였다.

"그럴 수도 있지. 하지만 우리는 이제 예약 시스템에 대한 노하우가 있어. 처음부터 다시 만드는 게 아니라, 기존 시스템을 유연하게 응용하는 거니까 파일럿처럼 작게 시작해보면 리스크는 줄일 수 있을 것 같아."

그들은 지금 당장 구체적인 프로젝트로 뛰어들 계획은 없었지만, 학교 시설 예약&관리 시스템이라는 새로운 아이디어가 머릿속에 자리 잡았다. 언젠가 시간이 되면 이 아이디어를 제대로 구현해보자며, 둘은 대략적인 구조도를 노트에 정리해두었다.

6 뜻밖에 찾아온 새로운 무대

며칠 후, 예기치 못한 소식이 전해졌다.

"야, 너희 소셜벤처경연대회 결선 진출자 명단에 있더라!"

놀란 얼굴로 서로를 바라보던 세준과 민재는, 한동안 어리둥절했다.

사실 몇 주 전, 담임 선생님의 권유로 캐치급식 사업계획서를 간단히 제출한 적이 있었다. 딱히 기대하진 않았지만, 그것이 예선을 통과해 결선까지 올라간 것이다. 선생님들과 친구들이 몰려와 축하 인사를 건넸고, 두 사람은 점차 실감이 나기 시작했다.

처음에는 "진짜 우리가 결선이라니 말이 돼?"라며 서로 눈을 마주쳤지만, 서서히 기쁨과 설렘이 치솟아올랐다.

"결선 무대에서 캐치급식만 이야기하면 좀 아쉬운 것 같지 않아?"

민재가 말했다. "우리가 생각한 시설 예약 시스템 아이디어도 소개해보자. '우리는 이만큼 성장했고, 앞으로도 더 확장할 수 있다.'라는 걸 보여주면 좋을 것 같아."

세준은 살짝 망설였지만 곧 고개를 끄덕였다. 과연 잘할 수 있을지 두렵기도 했지만, 여러 번의 실패를 겪고도 여기까지 온 자신감이 적지 않았다.

"그래, 우리 여기까지 오는 동안 수없이 실패하고 고쳤잖아. 그 과정을 보여주는 것도 의미 있지."

그리고 그날 밤, 두 사람은 학교 시설 예약 아이디어의 PPT 한 페이지를 덧붙이며, 결선 무대 프레젠테이션 초안을 만들기 시작했다. 비록 앞날에 또 어떤 고난이 기다릴지 모르지만, 이들은 다부진 마음을 갖고 있었다.

"실패에 굴하지 않고 꾸준히 문제를 해결해온 그 힘으로, 또 한 번 도전하자."

그렇게 두 사람 앞에 또 다른 무대가 열리고 있었다.

이번에는 단지 한 문제를 해결하는 것이 아니라, 더 넓은 문제를 찾아 나설 준비가 되어 있었다.

7장

새로운 무대와 또 한 번의 도전

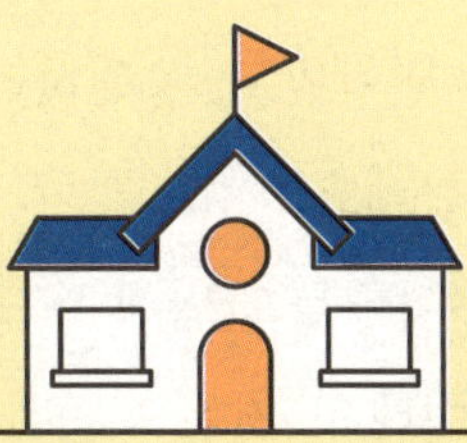

7장 새로운 무대와 또 한 번의 도전

"우리가… 결선에 진출했다고?"

학교 복도 한구석에서, 민재는 여전히 믿기지 않는다는 표정으로 노트북 화면을 들여다봤다. 소셜벤처경연대회 공지에 쓰인 '결선 진출자 명단'에 세준&민재(세민컴퍼니)의 이름이 또렷이 보였기 때문이다.

"헐! 이거 진짜 맞아?!"

주변에 있던 친구들이 몰려와 축하의 박수를 쏟아냈고, 세준과 민재는 얼떨떨한 표정으로 서로를 바라보았다.

"야, 우리 그냥 심사 통과만 해도 만족하자고 했었잖아. 대박이다, 진짜!"

하지만 그때, 뒤에서 익숙한 목소리가 들렸다.

"그러게요. 제가 잘할 줄 알았다고 했죠?"

고개를 돌리자, 이안 창업가님이 웃으며 다가오고 있었다. 두 사람은 깜짝 놀라 동시에 외쳤다.

"이안 멘토님?! 어떻게 여기까지…?"

"네. 담임 선생님께 살짝 연락받고, 응원하러 잠깐 들렀어요. 결선 진출 소식 듣고 제가 얼마나 놀랐는데요!"

이안 창업가는 두 사람의 어깨를 가볍게 두드리며 말했다.

"이제 결선 무대가 코 앞이네요. 저는 세준과 민재 학생이 이렇게까지 성장한 것만으로도 기뻐요. 이번 결선무대는 단지 '아이디어'만 보여주는 걸 넘어서 '실제 부딪히며 해결한 경험'을 원 없이 보여주세요. 그게 여러분들만의 강력한 무기가 될 거예요."

세준과 민재는 고개를 끄덕였다. 누군가 자신들의 과정을 '진짜'라고 인정해주는 그 한마디가, 생각보다 큰 힘이 되었다.

"심사위원들은 완벽한 결과보다도, 문제를 어떻게 풀어갔는지를 더 눈여겨봐요. 있는 그대로 자신 있게 말하면 돼요. 실전에서 나온 피드백, 실패, 회복, 확장 아이디어까지. 여러분들은 이미 멋진 여정을 걸어왔어요."

짧은 격려를 마친 이안은 손을 흔들고 자리를 떠났다. 그의 뒷모습을 바라보며 민재가 조용히 말했다.

"멘토님 말씀이 맞아. 우리가 해온 일이 괜찮은 길이었다는 거, 이번 무대에서 보여주자."

1 결선 무대 준비: 캐치급식, 그리고 새로운 확장

그날 오후, 두 사람은 창업동아리방 책상에 마주 앉아 다시 한번 대회 자료를 확인했다.

결선 진출을 알리는 공지를 읽어보니, 발표 시간은 단 10분 정도로 제한되어 있었다. 더욱이 경쟁 팀들도 쟁쟁하다고 했다. 환경문제를 해결하는 청소년 팀, 장애인을 돕는 플랫폼 창업팀 등 다양한 분야에서 기발한 아이디어를 내놓을 예정이라고 한다.

"우리도 완성도 높은 시연을 준비해야 하지 않을까?"

민재가 프레젠테이션 슬라이드를 틀어놓으며 말했다.

"다만… '캐치급식'만 보여주면 뭔가 부족한 느낌이야. 지금까지 문제 해결 과정은 충분히 어필하되, 더 나은 미래 가능성도 함께 제시하면 좋겠는데."

세준은 며칠 전, 둘이 아이디어를 나누었던 학교 시설 예약&관리 시스템을 떠올렸다.

'점심시간 줄서기 문제를 어느 정도 해결해낸 경험과 기술을 확장하면, 체육관이나 시청각실 같은 공용 시설 예약 문제도 해결할 수 있지 않을까?' 하는 생각이 이미 대략적으로 머릿속에 그려지고 있었다.

"그럼, 지금까지 캐치급식으로 얼마나 성장했는지 보여주고, 앞으로는 학교 시설 예약 시스템까지 염두에 두고 있다고 말해보자. 그럼 심사위원들도 '이 팀이 더 큰 가치를 만들 수 있겠구나.'라고 기대하지 않을까?"

두 사람은 고개를 마주 끄덕였다.

물론 아직은 구체적으로 개발하진 않았지만, "우린 이미 서버 트래픽이나 예약 알고리즘을 다뤄봤다."라는 점에서 비교적 자신이 있었다. 그리고 대회 발표가 끝난 뒤에라도, 투자나 지원을 받아 실제로 새 아이디어를 구현할 수 있다는 생각이 들자 가슴이 두근거렸다.

2 실패담도 무기가 된다

밤이 깊어갈수록 프레젠테이션에는 여러 장의 슬라이드가 추가되었다. 특히 캐치급식 앱이 겪었던 다섯 번의 서버 다운과 개선 과정을, '실패를 통한 성장'이라는 테마로 정리해보았다.

1. 첫 서버 다운 사건과 재도전

접속 폭주에 대한 대비 부족 → 서버 업그레이드, 트래픽 예측 기법 도입

2. 코드 최적화 과정

반복되는 오류를 해결하며 개발 역량 강화

3. 분산 서버 구조 적용

기술적 시도 속에서 스스로 노하우를 습득

4. 알레르기 필터링 기능 도입

학부모 항의 사건을 계기로, 실사용자 안전성을 높임

5. 광고 모델로 운영비 마련

자금난 속에서도, 학생 친화형 광고를 선별 도입해 균형 잡기

"실패담을 굳이 드러내도 괜찮을까?"

민재는 살짝 고민스러운 표정을 지었다.

"가끔은, '우린 이렇게 잘해왔어요.'라고만 말하는 팀이 더 돋보이지 않을까?"

하지만 세준의 생각은 달랐다.

"오히려 우리가 해결해온 실패담이야말로, 현실적인 창업을 보여줄 수 있는 강점 같아.

진짜 현장에서 부딪히면서 배운 게 많잖아. 경쟁팀 중에는 그냥 아이디어만 그럴싸한 경우도 있을 텐데, 우린 실제 운영하면서 문제가 터질 때마다 어떻게든 돌파했잖아."

민재는 그 말에 고개를 끄덕였다. "실패도 무기가 된다."라는 걸 그간 몸소 체험하지 않았던가.

3 학교 시설 예약 시스템: 새로운 비전

이제 가장 중요한 건, '캐치급식'을 넘어 확장 아이디어가 어떻게 공익적 가치를 가질지를 짚어주는 일이었다. 두 사람은 프레젠테이션 마지막 부분에 '미래 비전' 슬라이드를 추가하기로 했다.

1. 체육관·시청각실 예약
   - 어지러운 예약 절차를 단순화, 담당 교사가 한눈에 승인·반려 가능
   - 동아리나 학생들도 "오늘 몇 시에 체육관 비어 있나?"를 앱으로 쉽게 확인
2. 데이터 분석
   - 어느 시설이 가장 많이 사용되는지, 언제 예약이 집중되는지 통계화
   - 학교 관리 효율성 상승
3. 지역사회 적용 가능성
   - 향후 체육센터나 문화센터 등과 연계해, 지역 주민도 공용 시설을 간편하게 이용
   - 캐치급식 때 쌓은 운영 노하우로 더 큰 사회적 문제에 도전 가능

"이거 듣고 심사위원들이 '오, 이 팀은 앞으로 더 큰 임팩트를 낼 수 있겠다.'라고 생각해주면 좋겠다."

세준의 목소리에 기대감이 묻어났다.

"물론 실제 구현은 쉽지 않겠지만, 우린 이미 점심시간 예약 문제를 해결한 경험이 있다는 게 강점이잖아."

4 결선 발표 전날, 찾아온 긴장

결선 발표를 하루 앞둔 어느 밤, 학교 문을 닫을 시간이 훌쩍 지났는데도 창업동아리방 불은 꺼지지 않았다. 세준과 민재가 프레젠테이션 자료를 최종 점검하고, 발표 리허설까지 해보고 있었기 때문이다.

"발표 10분… 너무 짧지 않아? 우리가 할 말이 이렇게 많은데."

민재가 시간 체크를 하다가 혀를 끌끌 찼다.

"서버 다운 사례만 해도 한 시간은 떠들 수 있단 말이야."

세준은 살짝 웃으며 말했다.

"그렇긴 한데, 지금부터 불필요한 말 다 잘라내자! '문제 → 해결 → 확장' 딱 이 흐름만 살리자. 심사위원들이 '그동안 고생했구나, 근데 앞으로 더 크게 클 수 있겠네.'라고 느끼도록 말이야."

두 사람은 번갈아 가상의 심사위원 역할을 맡아 날카로운 질문을 던져보았다.

"광고 수익만으로 운영이 지속 가능할까요?"

"대기업 경쟁 서비스 등장에 대한 대책은?"

"학생들의 불만이 앞으로 또 터지면 어떻게 대처할 건가요?"

답변은 거침없었다. 이미 다 겪어본 일이었기에, 더는 두렵지 않았다.

"이번 발표… 그냥 솔직하게 하자. 실수해도 괜찮아. 우리가 얼마나 성장했는지를 보여주는 무대니까."

민재는 조용히 고개를 끄덕였다. 긴장도 있었지만, 그보다 강한 건 그동안의 자신감이었다.

5 결선 무대의 시작

다음 날, 현장에는 전국 각지의 청소년 창업팀들이 모여 있었다. 주최 측은 대회를 더욱 흥미롭게 만들기 위해 무대 조명도 화려하게 설치해놓았고, 심사위원 자리에는 교육청 관계자, 사회적 기업 대표, 투자사 관계자 등이 빼곡히 앉아 있었다.

결선에 올라온 팀들은 모두 기발하고 독특했다. 어떤 팀은 탄소저감 솔루션, 또 다른 팀은 장애인 보조기기 아이디어를 발표한다고 했다. 세준과 민재도 무대 뒤에서 다른 팀의 발표를 살짝 엿보며 살짝 긴장했다.

"다들 대단한데? 괜히 긴장되네…"

민재가 헛웃음을 지었다.

"우린… 서버가 자꾸 다운되던 얘기나 해야 하는 건가?"

세준은 씩씩하게 고개를 저었다.

"아니, 실전에서 발생한 문제를 해결했다는 걸 보여주자. 그게 우리만의 강점이야. 얼마나 리얼하냐고."

곧이어 사회자가 마이크를 잡고 말했다. "다음 팀은 세민컴퍼니의 캐치급식입니다!"

두 사람은 서로 눈빛을 교환하며 깊게 숨을 들이마셨다.

6 무대 위에서 전하는 이야기

무대에 오르자 조명이 환하게 비추며, 관객들과 심사위원들이 주목했다. 마이크를 잡은 세준은 침을 꿀꺽 삼키고 첫 마디를 꺼냈다.

"안녕하세요, 저희는 세민컴퍼니 팀입니다. 학생들이 점심시간에 길게 줄서는 문제를 해결해보겠다는 작은 열정 하나로 시작했지만, 서버가 다섯 번이나 멈추고, 학부모 항의에 시달렸으며, 경쟁 서비스의 압박도 견뎌야 했습니다."

슬라이드에는 서버 다운 로그 캡처와 게시판 불만 글 등이 지나갔다. 관객들 중 일부가 흠칫 놀라는 표정을 지었지만, 세준은 자조적인 미소와 함께 차근차근 이야기를 이어갔다.

"그 과정을 통해 저희는 문제 해결 능력을 키울 수 있었습니다. 사용자 피드백을 가장 우선시하고, 광고 모델로 운영비를 마련하면서도 학생들에게 불편하지 않은 방식을 고민했습니다. 그 결과…"

화면에 현재 '캐치급식' 실사용 데이터(일일 접속자 수, 만족도 설문 결과 등)가 나타났다. 심사위원들이 고개를 끄덕였다.

이어 민재가 마이크를 넘겨받았다.

"그리고 이제, 저희는 학교 시설 예약&관리 시스템이라는 새로운 확장 아이디어를 준비하고 있습니다."

체육관, 시청각실 같은 공간 예약 문제를 예시로 들어, 실제로 교사와 학생들이 겪는 번거로움을 부각시켰다.

"저희가 이미 식사 예약 로직과 분산 서버 구조를 경험했기에, 이 문제도 단순히 '아이디어'가 아니라 실현 가능성이 높다고 확신합니다."

마지막 슬라이드에는 "도전은 끝이 아니라 새로운 시작"이라는 문구와 함께, 학생 중심으로 성장해온 팀의 정체성을 강조했다.

7 긴장의 무대, 날카로운 질문

발표가 끝나자, 무대를 가득 채운 조명이 부드럽게 흐려지고, 객석이 잠깐의 정적에 휩싸였다. 세준과 민재는 마이크를 살짝 내려놓고 서로 눈빛을 교환했다. 무대 아래 관객들과 심사위원들이 어떤 반응을 보일지 조금은 두려웠지만, 할 수 있는 말은 전부 했다는 뿌듯함이 있었다.

그때, 사회자가 분위기를 환기시키듯 밝은 목소리로 외쳤다.

"자, 훌륭한 발표 감사드립니다! 바로 심사위원들의 질문을 받아볼까요? 혹시 질문 있으신 분들은 손을 들어주세요."

안쪽 줄에 앉아 있던 한 심사위원이 재빠르게 손을 들었다. 중년의 날카로운 눈빛을 가진, 일명 '베테랑 선생님' 포스를 풍기는 인물이었다.

"발표 잘 들었습니다. 그런데 학생들의 줄서는 문제를 해결한다는 '캐치급식' 아이디어는 참 좋지만, 처음부터 기술적 난관을 많이 겪었다고 들었습니다. 아까 서버가 5번이나 멈췄다고 하셨는데… 지금은 정말로 안정화가 된 상태인가요? 학교 시설 예약 시스템까지 확장한다면, 트래픽이 더 늘어날 텐데요."

세준이 조명 아래서 숨을 한번 가다듬고, 최대한 차분한 목소리로 대답했다.

“네, 저희도 서버가 여러 번 다운될 때마다 마음고생이 심했습니다. 하지만 그 과정을 통해 분산 서버 구조와 중앙 관리 시스템을 도입했고, 최근 3개월간은 큰 사고 없이 운영되고 있습니다. 그리고 학교 시설 예약 시스템을 적용해도 본질적인 로직은 ‘예약’이기에 크게 다르지 않습니다. 트래픽 예측을 더 보수적으로 잡을 예정이고, 필요하다면 클라우드 서비스를 확장해서 대응 가능하도록 설계하고 있어요.”

첫 질문을 했던 심사위원이 흐음 하고 고개를 끄덕이자, 이번에는 다른 심사위원이 손을 들었다. 투자사 담당자처럼 보이는 깔끔한 정장 차림의 인물이었다.

“사실 이 시장에 관심이 많습니다. 다만, 학교 측에서 과연 비용을 지불하고 사용할까요? 애초에 캐치급식도 무료라고 하셨는데, 시설 예약은 어떻게 수익을 낼 계획인지 궁금합니다.”

민재가 마이크를 건네받으며 슬라이드를 넘겼다. 이미 예상했던 질문이었다.

“초기에 캐치급식은 학생들의 편의를 위해 무료로 운영해왔지만, 운영비를 충당하기 위해 교육·친환경 분야 광고만 제한적으로 붙였습니다. 다행히 학생들이 광고를 거부감 없이 받아들여 주었고, 그 수익으로 서버비를 감당해왔죠.

시설 예약 시스템 역시 B2B 모델, 즉 교육청이나 지자체와 협약을 맺거나, 학교별 예산을 일부 지원받아 운영하는 방법을 검토 중입니다. 만약 비용 부담이 크다면, 기존처럼 광고나 협업 프로그램을 붙일 수도 있겠죠. 다만, 어떤 방식이든 학생들에게 부담이 크게 돌아가지 않도록 하는 게 저희 철학입니다.”

객석 곳곳에서 “오~” 하는 작은 탄성이 흘렀다. 심사위원도 “어렵지만 잘 준비돼 가는군요."라며 고개를 끄덕였다.

"좋습니다. 또 질문 있으신 분?"

앞쪽 줄에서 마지막으로 한 심사위원이 손을 들었다. 나이가 지긋한, 창업 분야 전문가처럼 보이는 인물이었다.

"발표 잘 들었습니다. 현재 만족도 데이터가 높다고는 하셨지만, 대기업이나 다른 스타트업이 유사한 서비스를 출시했을 때 '캐치급식'만의 차별화 포인트가 있나요? 그리고, 아까 보니 학부모 항의 사건도 있었던 듯한데, 앞으로 비슷한 문제가 생기면 어떻게 대처할 건가요?"

두 사람이 서로 눈빛을 교환했다. 그 질문에는 실패를 두려워하지 않는 태도가 답이 될 거라는 걸 알고 있었다. 세준이 다시 입술을 닦고, 진지한 표정으로 심사위원을 바라봤다.

"사실 대기업이나 다른 서비스가 들어오면, 자본 규모나 마케팅 면에서 저희가 밀릴 수도 있다고 생각합니다. 하지만 저희는 학생들과 직접 소통하면서 피드백을 즉각적으로 반영한다는 강점을 갖고 있습니다. 학부모 항의도, 초창기에 알레르기 메뉴 미표기로 위기를 맞았었죠. 그때 저희가 앱을 잠시 멈추고 개선 작업에 집중했습니다. 힘들었지만 결국 알레르기 필터링 기능과 실시간 메뉴 수정 프로세스를 마련했어요. 앞으로도 문제가 생긴다면 마찬가지로 즉각 중단하고, 철저히 수정하겠습니다. '완벽함'을 약속드리긴 어렵지만, 끈질기게 해결해나가겠다는 의지는 분명합니다!"

"그리고 저희가 시설 예약 시스템까지 확장하려는 이유도 같은 맥락이에요. 학교 현장에 있는 '진짜' 문제를 빠르게 찾아내고, 그걸 해결하는 과정에서 함께 성장하는 거죠. 대기업이 못한다기보다는 저희는 현장의 작은 목소리에도 귀 기울이면서 세밀하게 대응할 수 있다는 걸 강점으로 삼고 싶습니다." 민재가 세준의 말에 덧붙여서 발표를 이어나갔다.

심사위원은 흡족한 표정으로 고개를 끄덕였다. 객석 곳곳에서 박수가 터졌고, 서서히 무대 조명이 밝아졌다.

"네, 모든 질문에 성실하게 답해주셔서 감사합니다!

세민컴퍼니팀, 자리로 들어가 주시고요. 잠시 후 시상식을 진행하도록 하겠습니다."

8 환희의 순간, 결실을 맺다

두 사람은 무대 뒤로 내려오며 안도의 숨을 내쉬었다. 한껏 긴장했던 어깨가 풀리자, 땀이 흥건히 밴 손이 보였다.

"와… 예상보다 질문이 날카로웠네. 괜찮게 답한 건지 모르겠다."

"진짜로 온갖 질문이 다 나왔네. 근데 우린 그래도 해낼 만큼 했잖아. '학생 중심 피드백', '즉각적인 문제 해결' 이 두 키워드가 우리 핵심이니까, 잘 전달됐을 거야.” 민재는 세준이의 어깨를 두드리며 응원을 아끼지 않았다.

주변에서 다른 팀들도 발표를 마치고 내려오는 중이었다. 어딘가 지친 얼굴로도, 서로를 격려하고 칭찬하는 모습이 인상적이었다. 세준과 민재도 다시금 “그래도 이 대회에 오길 잘했다.”라는 마음이 들었다.

시상식 전, 짧은 인터미션

조명이 잠시 꺼지고, 무대에서 공연팀이 간단한 댄스 퍼포먼스를 선보였다. 그러는 사이, 심사위원들은 결선 참가팀들의 점수를 취합하고 최종 회의를 거치는 듯했다. 긴 음악과 화려한 조명 아래 펼쳐지는 공연을 바라보면서도, 두 사람의 마음은 편치 않았다.

‘과연 상을 받을 수 있을까? 아니면 아무 상도 못 받나?’

심장이 두근거리며 시간은 지독하게 느리게 흘렀다.

“그래도 최우수상 정도만 돼도 좋겠다~ 아니, 그냥 장려상만 받아도 좋을 것 같아.” 민재는 두근거리는 가슴을 붙잡고 말했다.

“아무것도 못 받아도 어쩔 수 없지. 이미 여기까지 온 것만으로도 대단하다고 생각하자. 근데 막상 기대가 없다고 하면 거짓말이긴 해.”

두 사람은 무대 뒤편 모니터로 공연이 끝나가는 모습을 지켜보다가, 곧 이어질 시상식을 준비하며 머릿속을 정리했다.

그리고, 대망의 시상식

음악이 끝나고 무대 조명이 다시 켜졌다. 사회자가 환한 목소리로 마이크를 잡았다.

사회자가 말했다. “자, 오늘의 소셜벤처경연대회 결선! 이제 시상식 순서로 넘어갑니다. 먼저 특별상, 우수상, 최우수상을 발표하겠습니다. 호명되는 팀은 무대로 올라와 주세요!"

특별상, 우수상이 호명되자, 각 팀마다 환호와 탄식이 뒤섞였다. 세준과 민재는 점점 더 초조해졌다. 최우수상이 발표될 때도 그들의 팀은 불리지 않았다.

'아, 끝났구나. 역시 높은 상은 어렵겠지….'

그 순간, 무대 조명이 한 번 더 세차게 번쩍이면서 사회자가 소리쳤다.

"마지막으로, 대망의 대상을 발표하겠습니다. 이번 대회에서 가장 혁신적인 아이디어와 실행력을 보여준 세민컴퍼니팀의 김세준, 박민재님 축하드립니다!"

장내가 순간 정적이 흘렀다가, 폭발적인 박수와 환호가 터져나왔다.

세준과 민재는 눈이 동그래져 서로를 바라보다, "진짜로 우리?" 하고 소리치며 자리에 벌떡 일어섰다. 친구들이 달려와 얼싸안았고, 다른 참가팀들도 박수를 치며 기쁨을 나눴다.

"세준아, 진짜 우리야! 우리가 대상이라니!"

"어떡해, 머리가 하얘졌어. 그래도 얼른 무대로 가야지!"

환희의 수상 순간

트로피를 전달받는 순간, 민재의 손은 떨리고 있었다. 반짝이는 금빛 트로피에 조명이 반사되어, 꼭 그들의 지난 시간을 비추는 것처럼 느껴졌다.

사회자가 마이크를 건넸다.

"수상 소감 한 말씀 부탁드릴게요."

민재는 마이크를 잡고 한참을 입을 떼지 못했다. 그러다 조용히 말했다.

"사실… 처음에는 이 앱이 여기까지 올 줄 몰랐습니다. 단지 친구들이 점심시간에 줄을 길게 서는 게 불편하다는 작은 문제에서 시작했어요. 그런데 그 작은 문제를 해결하려고 노력하다 보니, 어느새 여기까지 왔네요."

이어 마이크를 넘겨받은 세준도 숨을 깊게 들이마신 뒤 말했다.

"우린 전문가도 아니고, 시작할 때는 서버가 다섯 번이나 멈췄고, 학부모 항의도 받았습니다. 매번 '끝났구나' 싶었지만, 그때마다 해결책을 찾아가면서 조금씩 나아졌습니다."

그는 살짝 웃으며 말을 이었다.

"이번 수상은 우리가 대단해서 받은 게 아니라, 포기하지 않았기 때문에 받을 수 있었다고 생각해요. 앞으로도 실패가 또 찾아오겠지만, 그걸 멈추지 않고 넘는 게 우리 팀의 방식입니다. 감사합니다!"

관객석에서 터지는 박수는 길고 따뜻했다. 두 사람의 말에는 화려함보다 진심이 담겨 있었고, 그 진심이 전해진 것이다.

세준과 민재는 서로를 바라보며 눈시울을 훔쳤다. 머릿속에는 수많은 밤

샘과 좌절, 그리고 결국 해결책을 찾아냈던 지난날들이 한꺼번에 스쳐갔다.

무대 뒤에서의 결심

무대 뒤에서 친구들과 사진을 찍고, 트로피를 껴안은 채 인사를 나누며도 두 사람은 실감이 나지 않았다. 조명이 꺼지고, 대회장이 하나둘 정리될 때서야 겨우 서로를 바라봤다.

"세준아, 이게 진짜야? 우리가 대상을 받다니…."

"믿기지 않아도… 진짜 받은 건 맞지?"

민재는 살짝 웃으며 트로피를 내려다보았다.

"근데 이제 진짜 시작이네. 광고 관리, 서버 안정화, 시설 예약 시스템까지… 할 게 한가득이야."

세준은 고개를 끄덕였다.

"그래도 이젠 두렵지 않아. 실패해도 우린 방법을 찾아낼 테니까."

두 사람은 그날 밤 늦은 교문을 나서며, 같은 마음을 품었다.

수상은 끝이 아니었다. 이제야 진짜 창업가로서, 새로운 여정을 시작하는 출발점에 선 것이다. 조명이 꺼진 무대는 조용했지만, 두 사람의 눈동자 속에는 여전히 빛이 반짝이고 있었다.

"도전은 끝이 아니라, 새로운 시작이다."

그 말이 이제는 마음 깊이 와닿는 순간이었다.

9 또 다른 시작

행사가 끝난 뒤, 상장과 트로피를 품에 안고 나오는 길에, 두 사람은 웃으면서도 실감이 나지 않는다고 중얼거렸다. 친구들이 기념사진을 찍자며 모이자, 그제야 "아, 우리가 대상을 받았구나." 하고 깨달았다.

“그래도 ‘학교 시설 예약 시스템’ 얘기 꺼내길 잘했어. 심사위원들도 그 부분에 관심 갖더라.”

세준은 SNS 실시간 반응을 확인하며 말했다.

“응, 진짜로 가능성 있다고 봐준 것 같아. 가만 생각해보면, 우리가 캐치 급식으로 갖춘 게 생각보다 많더라고.”

민재는 피곤한 얼굴이지만, 입가에는 계속 미소가 떠나지 않았다.

물론 이 상이 바로 모든 문제를 해결해주는 건 아니다. 현실에 돌아가면 여전히 서버 개편, 광고주 유치, 그리고 새 아이디어 실현 등 숙제가 산더미일 것이다. 하지만 그들은 이미 수없이 부딪히고 넘어진 끝에, 실패를 두려워하지 않는 법을 터득해 온 참이었다.

“이제 다음 목표는… 학교 시설 예약 시스템 베타 버전?”

“좋아. 이 상을 계기로 투자나 협력도 구해보고, 제대로 만들어보자.”

두 사람은 밤늦은 교문 밖을 천천히 걸어나갔다. 길거리 조명 아래 비치는 트로피가 반짝 빛났다. 어쩌면 이 빛은, 늘 시행착오 속에서도 길을 찾아냈던 이들의 도전정신을 그대로 투영한 것인지도 모른다.

그 밤, 새로운 무대를 마친 세준과 민재는 조금 더 성숙한 창업가로 거듭나고 있었다. 그리고 또 다른 도전을 향해, 한 걸음 더 내딛을 준비를 하고 있었다.

8장

창업 후 나의 모습: 기업가정신 배우기

8장 창업 후 나의 모습: 기업가정신 배우기

1 기업가정신이란 무엇일까?

'캐치급식'이 소셜벤처경연대회에서 대상을 수상한 날, 세준과 민재는 가장 먼저 떠오른 사람을 찾아 나섰다. 바로 그들의 멘토, 이안 선생님이었다. 늘 곁에서 응원해주고, 넘어질 때마다 손을 내밀어 주셨던 분. 두 사람은 선생님의 모습을 멀리서 발견하자마자 마치 기다렸다는 듯 달려갔다.

"안녕하세요, 선생님! 정말 뵙고 싶었어요!"

세준이 활짝 웃으며 먼저 말을 꺼냈고, 민재도 덧붙였다.

"저희 대상 받았어요. 순간 선생님 얼굴이 떠올랐어요. 선생님이 아니었으면 여기까지 못 왔을 거예요."

두 사람의 말에 이안은 부드럽게 웃으며 그들을 바라보았다.

"하하, 정말 기뻤나 보군요. 평소보다 훨씬 말씀이 많으시네요. 두 분이 얼마나 고생했는지 제가 잘 알기에, 더 자랑스럽습니다. 진심으로 축하드립니다."

세준은 감격에 찬 목소리로 말했다.

"정말 감사드립니다. 저희가 만든 앱이 점점 성장하고, 결국 대상을 받게 되어 너무 뿌듯해요. 그리고 지금은 학교 시설 예약 시스템도 구상 중이에요."

"맞아요." 민재도 덧붙였다. "이런 노력이 결국 누군가에게 도움이 된다는 게, 사회에 기여하고 있다는 느낌을 주더라고요. 앞으로 또 뭘 할 수 있을지 계속 상상하게 돼요."

이안은 잠시 고개를 끄덕이며 묻는다.

"이번 경험을 통해 어떤 점에서 성장했다고 느끼시나요?"

세준은 단호하게 말했다.

"저는 스스로에 대한 자신감이 생겼어요."

민재도 진지하게 답했다.

"저는 실패해도 다시 일어날 수 있다는 걸 배웠어요."

이안은 따뜻한 눈빛으로 그들을 바라보며 말했다.

"네, 바로 그거예요. 두 분이 창업을 하면서 배운 건 단순한 기술이나 지식이 아니라, 도전하는 마음, 실패를 두려워하지 않는 정신, 그리고 세상을 보는 새로운 관점입니다. 이러한 태도들이 바로 '기업가정신'이랍니다."

"기업가정신이요?" 민재가 고개를 갸웃했고, 세준도 물었다.

"그럼 '기업가정신'이란 기업을 운영하는 정신인가요?"

이안은 고개를 저으며 설명을 이어갔다.

"꼭 그렇진 않습니다. 기업가정신은 단순히 회사를 운영하는 사람만 필요한 것이 아니에요. 새로운 가치를 만들고, 문제를 해결하며, 미래를 주도하려는 태도를 말하는 거죠."

이안은 예시를 들어 설명했다.

"두 분도 앱 개발 초기에 자금 부족으로 고생했잖아요? 그때 크라우드 펀딩에 도전했던 것, 기억나시죠? 실제로도 비슷한 일이 있었어요. 1층 임대료가 너무 비싸 감당하기 어려웠던 한 청년이 샌드위치 가게를 7층에 열었습니다. 그리고 낙하산으로 샌드위치를 내려주는 독특한 방식을 고안했죠. 그 결과 오히려 더 큰 주목을 받았고, 가게는 성공했답니다."

세준과 민재는 감탄을 금치 못했다.

"정말 색다른 방식으로 문제를 해결한 거네요."

"또 다른 예시도 있나요?" 세준이 눈을 반짝이며 물었다.

이안은 살짝 웃으며 말했다.

"날개 없는 선풍기 들어보셨나요? 기존의 선풍기에서 날개를 없애는 것은 고정관념을 깨는 혁신적인 시도였죠. 아이들이 다치는 사고를 줄이고, 청소도 쉬워졌으며, 디자인도 개선됐습니다. 이런 변화는 소비자의 불편을 해결하려는 집요한 관찰과 끊임없는 도전에서 시작된 겁니다."

"그럼 수능을 여러 번 봤던 오수생이 그 경험을 살려 창작자가 되는 것도 해당되나요?" 민재가 물었다.

"물론이죠." 이안이 고개를 끄덕이며 말했다.

"오랜 수험 경험을 콘텐츠로 바꾸고, 진로 상담이나 면접 코칭 등으로 확장해가는 것도 기업가정신이에요. 누구나 수능을 여러 번 볼 수는 있지만, 그 경험을 강점으로 바꿔 콘텐츠로 승화시키는 건 쉽지 않으니까요."

세준은 고개를 끄덕이며 말했다.

"알면 알수록 기업가정신을 꼭 갖고 싶어요!"

이안은 미소를 지으며 말했다.

"두 분이 만든 '캐치급식'도 생활 속 불편함을 해결하기 위한 문제 해결에서 시작된 것이잖아요? 그것이 바로 기업가정신의 출발점입니다."

세준과 민재는 그동안의 고생을 떠올렸다. 서버가 멈췄던 날, 코드를 다시 짜고 분산 서버를 도입했다가 결국엔 중앙 관리 시스템을 구축했던 날들. 그리고 그 와중에도 마케팅을 이어가며, 계속된 시행착오를 거쳐 지금의 결과에 도달했던 시간들 등 수많은 기억들이 그들의 머릿 속을 스쳐갔다.

"학생들이 점심시간을 더 효율적으로 보내게 하고 싶었어요."

민재의 말에 이안은 고개를 끄덕이며 말했다.

"지금 말씀하신 모든 것들이 기업가정신의 핵심입니다. 회복탄력성, 협력성, 혁신성, 사회적 가치 지향성, 성취지향성, 자율성, 자기관리역량, 자원연계역량까지… 이 모든 것이 기업가정신의 하위 역량이에요. 그리고 이런 역량은 창업뿐 아니라 어떤 일을 하든 꼭 필요한 것이랍니다."

이안은 마지막으로 제안을 건넸다.

"제가 '기업가정신'이라는 키워드를 드릴게요. 이 정신이 담긴 사례를 조사해보고, 자신이 닮고 싶은 인물에 대해서도 함께 조사해보세요. 다음에 만나면 각자 조사한 내용을 함께 나누는 시간을 가져봅시다."

두 사람은 고개를 끄덕이며 눈빛을 반짝였다. 이제 그들의 여정은 대회 수상으로 끝난 것이 아니라, 기업가정신을 품고 한층 더 나아가는 새로운 시작이었다.

기업가정신 하위역량 더 자세히 알아보기

역량	구체적 내용
회복탄력성	실패했더라도 좌절하지 않고 목표달성을 위해 다시 일어날 수 있는 역량
협력성	새로운 가치 창출을 위해 다른 사람과 도우며 함께 일할 수 있는 역량
혁신성	문제를 진단하거나 발견하고 이를 해결하기 위해 창의적인 방식으로 접근할 수 있는 역량
사회적 가치 지향성	사회가 공유하고 있는 문제에 관심이 많고 구성원들이 수용할 수 있는 방법과 지식을 활용해 새로운 사회적 가치를 창출할 수 있는 역량
성취지향성	목표를 설정하고 달성하기 위해 최선의 노력을 할 수 있는 역량
자율성	능동적이고 적극적으로 행동하고 결과에 책임을 질 수 있는 역량
자기관리역량	나의 행동을 통제하고 감정을 조절하여 내가 정한 원칙들을 지킬 수 있는 역량
자원연계역량	목표 달성에 필요한 인적, 물적, 기술, 정보 등의 자원들을 파악하여 효율적으로 연계할 수 있는 역량

출처: 온라인 창업체험 교육 플랫폼(https://yeep.go.kr/main/main.do)을 참고하여 작성

"기업가정신에 대해 알면 알수록 앞으로 나아가고 싶은 마음이 더 커져요."

민재가 반짝이는 눈빛으로 말했다.

이안은 두 학생의 의지를 흐뭇하게 바라보며 웃었다.

"하하, 다음 모임이 정말 기대되네요."

2 기업가정신에 대한 탐구

그날 이후, 세준과 민재는 각자의 방식으로 '기업가정신'에 대해 탐구하기 시작했다. 단순히 개념을 익히는 것을 넘어, 자신들의 삶 속에서 그것을 찾아내고자 했다. 그렇게 일주일이 흘렀고, 두 사람은 다시 같은 자리에서 만났다.

"기업가정신에 대해 많이 알아봤어?" 민재가 먼저 말을 꺼냈다.

"생각해보면, 네가 처음 나에게 같이 해보자고 제안했던 그 순간도 하나의 기업가정신이 발휘된 순간이었던 것 같아."

세준은 민재의 말을 들으며 잠시 과거를 떠올렸다.

"맞아. 그때는 사실 너무 부끄러웠거든. 누군가에게 도움을 청한다는 게 쉬운 일이 아니었으니까. 그런데 그 순간만큼은 정말 절실했어. 돌이켜보면, 그게 내 첫 번째 도전이었던 것 같아. 지금 와서 보면 그런 용기를 낸 과거의 나를 칭찬해주고 싶어."

"칭찬받아 마땅하지. 넌 아이디어가 있었고, 난 기술이 있었지만, 둘 다 현실적인 벽 앞에서 망설였잖아. 개발 비용도 없고, 시장 조사도 부족했고… 그래도 우린 서로 부족한 걸 보완해가며 여기까지 왔어."

민재의 말에 세준은 고개를 끄덕였다.

"그게 바로 자원연계 역량 아닐까? 서로의 강점을 연결하고 부족한 점을 채우면서 결과를 이끌어낸 거니까. 우리, 처음에 비하면 정말 많이 성장한 것 같아."

"이제는 '기업가정신'으로 농담도 하네?"

민재가 웃으며 말하자, 세준도 따라 웃었다.

"그래서 준비해왔어." 민재는 가방에서 한 장의 종이를 꺼냈다.

"이건 내가 만든 '기업가정신 체크리스트'야. 네가 얼마나 기업가정신이 있는지 스스로 확인해볼 수 있어. 다음에는 너도 너만의 체크리스트를 만들어보면 좋을 것 같아서."

세준은 호기심 가득한 표정으로 체크리스트를 받아들며 말했다.

"우와, 진짜야? 얼른 해보고 싶다! 이런 건 완전 내 스타일인데!"

민재가 만들어온 체크리스트를 손에 든 세준은 문항 하나하나를 정성스럽게 읽기 시작했다. 그들의 눈빛에는 이제 단순한 도전이 아닌, '성찰과 성장'을 향한 진지한 태도가 담겨 있었다. 그리고 그들이 가는 길 위에는, 이제 막 움트기 시작한 기업가정신의 꽃이 조용히 피어나고 있었다.

나의 기업가정신 알아보기

역량	문항	척도		
		아니다	보통이다	그렇다
회복 탄력성	나는 어떤 일을 할 때 몇 번 실패해도 다시 시작한다.	1	3	5
	나는 실패했을 경우, 남의 탓을 하지 않고 내가 고칠 점을 찾는다.	1	3	5
협력성	나는 주위 사람이 힘들어하면 잘 위로하고 격려한다.	1	3	5
	나는 일을 혼자 하기보다 여럿이서 하는 것을 더 좋아한다.	1	3	5

혁신성	나는 남들이 생각하지 못한 독창적인 아이디어를 낼 수 있다.	1	3	5
	나는 반복적인 일보다 변화가 많은 일을 더 좋아한다.	1	3	5
사회적 가치지향	나는 어려운 사람들을 돕는 기업인과 사회적으로 의미 있는 일을 하는 창업가들을 존경한다.	1	3	5
	나는 어렵고 힘든 사람들에게 도움이 되는 지식과 기술을 배우고 싶다.	1	3	5
성취 지향성	나는 더 잘하기 위해 목표를 높이 세운다.	1	3	5
	나는 목표를 이루기 위해서 단계적으로 계획을 세우고 이루어 나간다.	1	3	5
자율성	나는 내가 스스로 세운 나만의 인생 목표를 가지고 있다.	1	3	5
	나는 주위에서 주관이 뚜렷하다는 말을 듣는 편이다.	1	3	5
자기 관리역량	나는 귀찮더라도 미루지 않고 일을 하는 편이다.	1	3	5
	나는 화가 날 때 한 번 더 생각하고 말한다.	1	3	5
자원연계 역량	나는 내가 필요한 정보가 있으면 꼭 찾아낸다.	1	3	5
	나는 일을 할 때 필요한 것들을 알고 있다.	1	3	5

* 합계 (　　)점

• 16~37점: 기업가정신 씨앗
• 38~57점: 기업가정신 새싹
• 58~80점: 기업가정신 나무

출처: 온라인 창업체험 교육 플랫폼(https://yeep.go.kr/main/main.do)을 참고하여 작성

"아직은 기업가정신의 새싹 단계인 것 같아." 체크리스트 결과를 본 민재가 웃으며 말했다.

"더 많은 경험을 쌓다 보면 점점 더 높은 점수를 받을 수 있겠지."

세준도 피식 웃었다.

"근데 만약 우리가 이 체크리스트를 창업 체험하기 전에 했었다면? 그땐 새싹도 아니고 그냥 씨앗이었을 거야." 그들은 짧은 농담 속에서도 자신들의 성장을 되돌아보며 작지만 단단한 자부심을 느꼈다.

민재는 고개를 끄덕이며 진지하게 말했다.

"우리가 창업 체험을 하면서 키운 실행력, 문제 해결력 같은 것들이 쌓여서 지금의 역량이 된 거야. 좀 더 자세히 알아보고 싶다면, 전에 우리가 전국 청소년 창업경진대회를 준비할 때 사용했던 온라인 창업체험 교육 사이트를 활용해 봐."

세준은 손뼉을 치듯 말했다.

"아! 기억나. 거기서 사업계획서도 만들고 시장조사도 했었지. 나도 내 역량을 더 자세히 알아보고 싶어."

그렇게 이야기꽃을 피우고 있을 즈음, 이안이 조용히 다가와 반가운 목소리로 인사를 건넸다.

"안녕하세요, 두 분. 그동안 잘 지냈나요?"

두 사람은 반갑게 고개를 끄덕였다.

"기업가정신에 대해서는 좀 알아봤나요?"

민재가 먼저 입을 열었다.

"네! 저는 기업가정신이란 기회를 찾고, 그 기회를 잡아서 살리는 정신이라고 생각해요. 기회를 찾으려면 주변의 변화나 사회 문제에 계속 관심을 가져야 하고, 그 속에서 문제를 해결할 방법을 찾아 새로운 가치로 전환해야 하잖아요."

이안은 감탄한 듯 미소 지으며 고개를 끄덕였다.

"민재 학생만의 해석이 아주 인상적이네요."

민재는 잠시 숨을 고르고 말을 이었다.

"저에게 기업가정신이란, 어려움 앞에서도 포기하지 않고, 실패를 두려워하지 않으며, 기존에 없던 방식으로 도전해서 새로운 생태계를 만들어가는 힘이에요."

이안은 감동한 눈빛으로 두 사람을 바라보며 말했다.

"정말 많이 성장하셨군요. 대견합니다. 그럼 이제 서로가 조사한 기업가정신 사례도 나눠볼까요?"

민재가 먼저 입을 열었다.

"저는 도전과 혁신의 상징, 일론 머스크를 대표적인 인물로 생각했어요."

세준이 눈을 반짝이며 민재를 바라보았다.

민재는 이야기를 이어갔다.

"일론 머스크는 PayPal의 공동 창립자예요. 전자지갑 개념의 혁신을 보여준 핀테크 기업이었죠. 그런데 테슬라와 스페이스X의 창업이 더 인상적이에요. 테슬라의 슬로건이 뭔지 아세요?"

"뭔데?" 세준이 물었다.

"Changing Perception! 인식의 변화! 테슬라는 기존의 자동차 산업을 뒤흔들며 전기차의 대중화를 이끌었어요. 단순히 자동차를 판 게 아니라, 화석연료에 대한 의존도를 줄이고 지속 가능한 에너지 사회로의 전환을 가속화한 거죠. 이건 기업가정신 중에서도 '사회적 가치 지향'이 아주 잘 드러난 예예요."

"그런데 이게 끝이 아니야." 민재의 눈빛이 깊어졌다.

"머스크는 스페이스X라는 우주 탐사 회사를 세웠어요. 원래 우주 산업은 정부가 독점하던 영역이었거든요. 그런데 그는 로켓의 재활용 상용화라는 아이디어로 도전했어요."

세준은 놀란 표정을 지었다.

"로켓을 재활용한다고?"

"응. 원래는 한 번 발사된 로켓은 다시 쓰기 어려워서 비용이 천문학적으로 들었거든. 그런데 머스크는 실패를 반복하면서도 포기하지 않고, 마침내 로켓 재활용 기술 분야에 기록을 세우게 되었지. 이건 기존 틀을 깨고 문제를 해결한 전형적인 기업가정신이야."

"진짜 대단하다."

세준은 고개를 끄덕였다.

"그게 바로 네가 말한 실패를 두려워하지 않고 계속 도전하는 거구나."

"맞아! 실패를 통한 학습, 그리고 상상 이상의 도전. 머스크는 뇌-컴퓨터 인터페이스, 에너지 저장, 교통문제 해결 같은 다양한 분야에서도 혁신을 계속하고 있어."

"그러니까… 기존의 문제를 새로운 방식으로 해결해서 사회에 기여하는 것. 그게 기업가정신이라는 거구나."

"응, 맞아. 이제 빠르게 변화하는 세상이 더 이상 두렵지 않을 것 같아. 이런 정신을 본받으면 우리가 마주할 문제들도 해결할 수 있지 않을까? 실제로 우리 앱을 만들 때도 불안하고 두려운 순간이 많았지만 결국 해결했잖아."

세준은 따뜻하게 미소 지으며 말했다.

"청각장애인들을 위한 물건 읽어주는 서비스 아이디어 냈던 것도 기억나. 너 진짜 혁신적인 사고를 잘하더라."

민재가 고개를 끄덕이며 웃자, 세준이 말을 이었다.

"이제 내 이야기 들어볼래? 나는 우리나라의 기업가정신 사례를 찾아봤어."

"오! 어떤 사례?"

"현대그룹의 창업자, 정주영 회장님이야."

"왜 그 분을 선택했어?"

"내가 창업 자금이 없어서 고민했던 것처럼, 정 회장님도 울산에 조선소를 지을 때 자본이 없었대. 근데 해외 투자자들에게 보여준 게 뭔지 알아?"

"뭔데?"

"조선소 부지가 될 모래밭 사진이랑… 500원짜리 지폐야."

"지폐?"

"응. 거기 거북선 그려져 있잖아. 그걸 보여주면서 '우린 이미 1500년 전에 철갑선을 만든 민족'이라며 한국의 가능성을 설명했대. 이게 설득이 돼서 4,500만 달러를 투자받아 한국 최초의 조선소를 지었고, 지금은 세계적인 조선 강국이 된 거야."

민재는 감탄을 금치 못했다.

"와… 사진 한 장과 지폐 한 장으로? 진짜 대단하시다."

"정주영 회장님은 그 뒤로도 자동차, 건설, 해외 공사 등 다양한 분야에서 도전정신을 발휘하셨어. 태국의 열악한 조건에서도 한국 최초의 해외 고속도로 공사를 완수했고. '이봐, 해봤어?'라는 말이 그분을 가장 잘 나타내는 표현이야."

민재는 깊이 고개를 끄덕였다.

"정말 단순한 일화가 아니라, 변화를 두려워하지 않는 용기를 주는 사례네. 우리도 이제 어려움이 생기면 서로에게 그렇게 말하자."

두 사람은 동시에 말했다.

"이봐, 해봤어?"

그 순간, 그들의 마음속엔 단순한 흥미나 호기심이 아닌, 진짜 기업가정신이 뿌리내리고 있었다.

3 우리의 미래에 대해

"두 분이 기업가정신에 대해 이렇게 깊이 알아보고, 상징적인 인물들까지 조사해 오신 걸 보니 정말 대견하네요." 이안은 감탄한 듯 미소를 지으며 두 학생을 바라보았다.

"그리고 이분도 빠뜨릴 수 없죠. 바로 스티브 잡스입니다."

민재와 세준은 동시에 고개를 끄덕였다. 익숙한 이름이지만, 오늘은 그 의미가 더 크게 다가오는 듯했다.

"잡스는 혁신과 직관을 중요시했던 인물입니다. 무엇보다도 '사용자 경험', 즉 고객 중심 사고를 실현한 대표적인 분이죠. 제품을 딱 보면 어떻게 사용할지 직관적으로 알 수 있도록 만드는 것, 그것이 스티브 잡스가 집착했던 디자인의 기준이었습니다."

이안은 잠시 말을 멈추고, 조용히 두 학생의 반응을 살폈다.

"그 결과, 기술과 디자인의 경계를 허문 새로운 표준을 만들어냈습니다. 아이폰은 단순한 전화기가 아니라, 소프트웨어와 하드웨어, 그리고 디지털 생태계 전체를 혁신한 제품이었죠."

두 사람은 조용히 고개를 끄덕였다.

"게다가 스티브 잡스도 부모님의 차고에서 사업을 시작했다는 이야기는 많이 들어보셨을 겁니다. 지금은 세계적인 기업이 된 애플도 처음에는 아주 보잘것없었고, 당연히 과정 중에 수많은 어려움이 있었습니다. 그러나 잡스는 창의적인 발상과 사용자 중심의 사고로 그 모든 어려움을 극복했지요. 개인용 컴퓨터, 스마트폰, 태블릿, 디지털 음악 플레이어 등 다양한 기술 혁신을 이끌며 세상을 바라보는 방식까지 바꿔 놓았습니다."

말을 마친 이안은 두 사람을 다시 한번 바라보며 조심스럽게 물었다.

"이렇게 여러 사업가들의 이야기를 통해 기업가정신을 알아보니, 어떠셨나요?"

세준이 손을 무릎 위에 올리고 또박또박 말했다.

"사례를 알고 나니까 기업가정신이 훨씬 더 현실감 있게 다가옵니다."

민재도 고개를 끄덕이며 덧붙였다.

"문제 해결 방식이 정말 다양하다는 것도 알게 되었고요. 그리고 성과를 낸 분들도 모두 어렵고 힘든 시절을 겪었다는 사실이 큰 위로가 되었어요."

이안은 만족스러운 듯 고개를 끄덕이며 말을 이었다.

"맞습니다. 그래서 제가 여러분께 늘 강조하고 싶은 것이 바로 이거예요. 아직 학생이시니 너무 거창한 일부터 시작할 필요는 없습니다. 주변에서 문제를 인식하고, 그것을 해결해보려고 시도하는 것부터가 바로 기업가정신의 시작입니다. 예를 들어, 지금 두 분이 구상 중인 학교 시설 예약 시스템도 그렇지요."

이안은 목소리를 조금 낮추며 덧붙였다.

"학교 앞 골목길에서 갑자기 튀어나오는 차량 때문에 사고가 날 뻔한 적이 있다고 해볼까요. 대부분은 '휴, 다행이다.' 하고 넘기기 마련입니다. 하지만 기업가정신을 가진 사람이라면 '이 문제를 어떻게 해결할 수 있을까?' 하고 고민하지요. 예를 들면, 반사경 설치나 주의 표지판 요청 같은 구체적인 행동으로 이어질 수 있습니다."

그 말에 두 사람은 다시 눈빛을 나누며, 자신들이 하고 있는 예약 시스템 개발에 대한 열정이 다시 피어오름을 느꼈다.

"선생님 말씀을 듣고 나니, 학교 예약 시스템을 좀 더 구체적으로 발전시킬 수 있는 아이디어가 막 떠오릅니다." 민재가 밝게 말했다.

세준도 힘차게 말했다.

"기업가정신이라는 개념을 더 깊이 알게 되니까, 앞으로 이 역량들을 더 잘 활용하고 발전시켜보고 싶다는 생각이 들어요."

이안은 고개를 끄덕이며 조용히 웃었다.

"좋은 출발입니다. 그런데, 왜 제가 이렇게까지 기업가정신을 강조드리는지 혹시 아시겠습니까?"

두 학생은 고개를 갸웃거렸다.

"'혹시 붉은 여왕 효과'라는 말을 들어보신 적 있나요?"

"아니요. 처음 듣는 말인데요."

민재가 고개를 저었다.

이안은 천천히 설명을 이어갔다.

"루이스 캐럴의 동화『거울 나라의 앨리스』에 나오는 이야기예요. 앨리스가 붉은 여왕과 나무 아래에서 열심히 달리는데, 아무리 달려도 제자리예요. 앨리스가 묻지요. '왜 이렇게 달리는데도 나무를 벗어나지 못하죠?' 그러자 붉은 여왕이 말한답니다. '여기선 계속 달려야 겨우 제자리야. 앞으로 가고 싶다면 지금보다 두 배는 더 빨리 달려야 해.'"

세준은 조심스럽게 정리했다.

"멈추면 제자리에 있는 게 아니라, 오히려 뒤처지게 되는 거네요."

"그렇죠. 제가 이 이야기를 드린 이유는, 두 분이 앞으로 살아가실 세상이 바로 그 '거울 나라'와 같기 때문입니다. 기술도, 사회도, 일하는 방식도 너무나 빠르게 바뀌고 있어요. 여러분이 세상의 흐름을 따라가기만 하면 버겁고, 주도하지 않으면 금세 뒤처지게 되는 사회입니다."

민재는 고개를 끄덕이며 말했다.

"미래는 정말 빠르게 변할 것 같아요. 오히려 그럴수록 변하지 않는 어떤 정신이 더 중요하겠네요. 바로 계속해서 도전하고 성장하려는 마음, 바로 기업가정신이요."

세준도 함께 말했다.

"세상의 변화 속도에 흔들리지 않으려면, 기업가정신이 꼭 필요한 것 같아요. 저는 그런 변화 속에서도 주도권을 쥐는 사람이 되고 싶습니다."

이안은 두 학생의 말에 흐뭇한 미소를 지으며 마지막 이야기를 건넸다.

"두 분은 앞으로도 수많은 기회를 만나게 되실 거예요. 그 기회는 마치 파도처럼 옵니다. 어떤 파도는 크고, 어떤 파도는 작죠. 중요한 건, 그 파도를 탈 준비가 되어 있느냐입니다. 실패하면 실패한 대로 다음 파도를 기다리면 됩니다. 파도는 계속 오니까요."

그는 잠시 말을 멈추고, 단단한 목소리로 마무리했다.

"기회는 준비된 자에게만 오는 것이 아니라, 언제나 오고 있는 겁니다. 다만 준비된 사람만이 그것을 탈 수 있지요. 두 분이 언제나 기업가정신으로 삶을 준비하며, 자신의 삶을 주도하는 사람으로 살아가시길 진심으로 응원합니다."

그 말을 듣고, 세준과 민재는 잠시 말이 없었다. 하지만 두 사람의 눈빛은 누구보다 뜨거웠다. 그들은 이미 다음 파도를 향해 마음을 열고 있었다.

부록

1장 창업 아이디어를 검증해봐요!

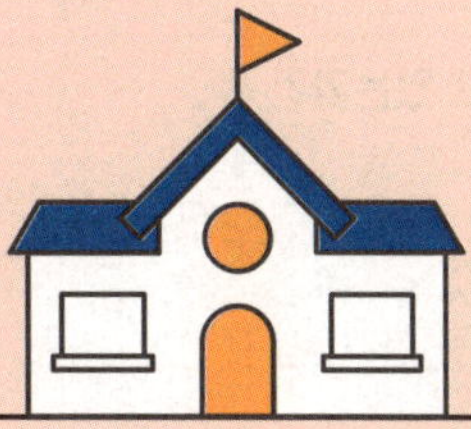

부록

1장 창업 아이디어를 검증해봐요!

1 세준이의 문제 발견 워크시트

① 나만의 문제 발견 일기

- 일상 관찰 체크리스트: 세준이 교실에서 문제를 발견한 것처럼 독자들이 학교/집/동네에서 불편한 점을 기록할 수 있는 템플릿
- 문제 분석 3단계

무엇이 불편한가?
왜 불편한가?
누가 이 문제로 고생하고 있는가?

2 창업 아이디어 검증 도구

① 친구들과 함께하는 아이디어 테스트

- 인터뷰 질문지: 세준이 친구들에게 물어본 질문들을 정리한 템플릿
- 아이디어 피드백 시트: 가족, 친구, 선생님께 의견을 구할 때 사용할 양식

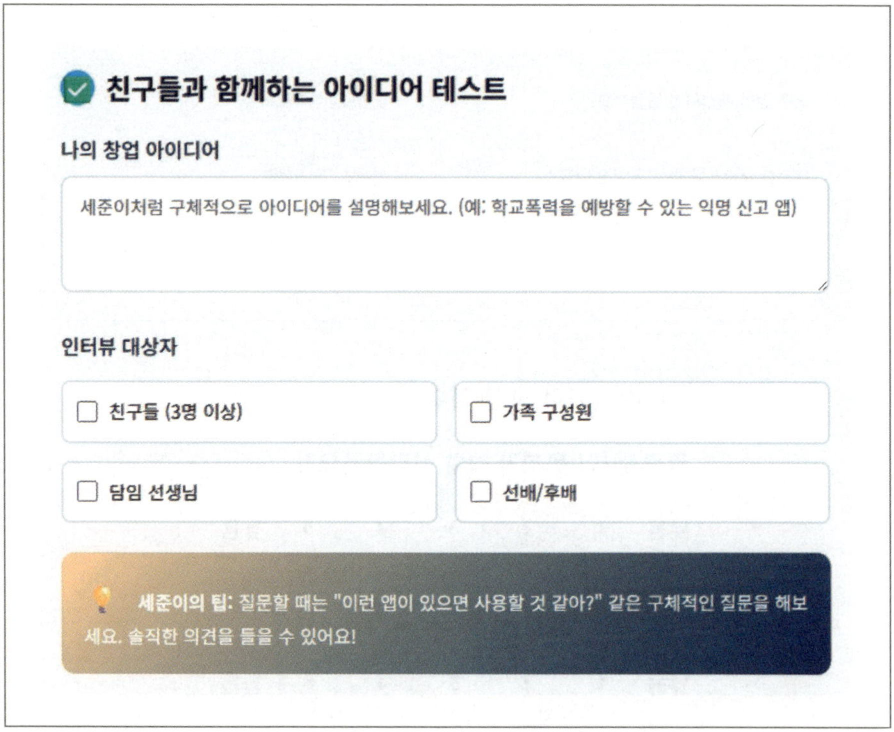

📋 **인터뷰 질문 템플릿**

질문	답변 기록
이런 문제를 겪어본 적이 있나요?	답변을 기록하세요
이 아이디어가 도움이 될 것 같나요?	답변을 기록하세요
실제로 사용해볼 의향이 있나요?	답변을 기록하세요
어떤 점이 개선되면 좋을까요?	답변을 기록하세요
비슷한 서비스를 써본 적이 있나요?	답변을 기록하세요

📊 **아이디어 평가 점수**

필요성 (이 문제가 정말 심각한가요?)

낮음 1 2 3 4 5 높음

사용 의향 (정말 사용하고 싶어하나요?)

낮음 1 2 3 4 5 높음

실현 가능성 (만들 수 있을 것 같나요?)

낮음 1 2 3 4 5 높음

② 간단한 시장조사 방법

- 경쟁 제품/서비스 조사표: 비슷한 아이디어가 있는지 확인하는 체크리스트

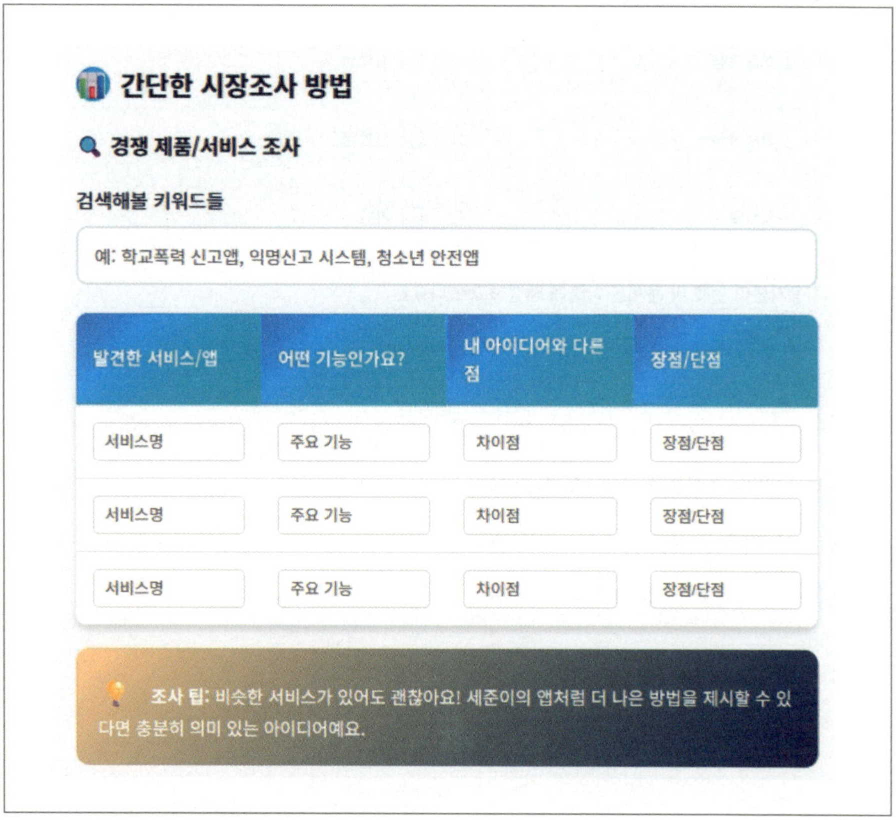

• 타겟 사용자 분석: 내 아이디어를 누가 사용할지 정리하는 워크시트

🎯 타겟 사용자 분석

주요 사용자는 누구인가요?

- ☐ 초등학생
- ☐ 중학생
- ☐ 고등학생
- ☐ 선생님
- ☐ 학부모
- ☐ 기타

사용자들이 현재 이 문제를 어떻게 해결하고 있나요?

예: 친구에게 말하기, 부모님께 상담하기, 그냥 참기 등

내 아이디어의 가장 큰 장점은 무엇인가요?

기존 방법보다 어떤 점이 더 좋은지 적어보세요

예상되는 어려움이나 단점은 무엇인가요?

솔직하게 문제점도 생각해보세요

부록

2장 제품을 세상과 연결하기 위해 사업계획서를 작성해봐요!

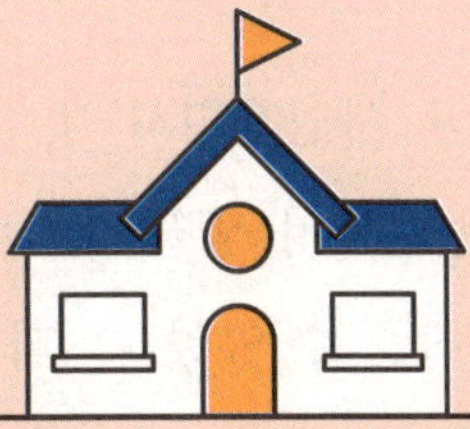

부록

2장 제품을 세상과 연결하기 위해 사업계획서를 작성해봐요!

1 왜 사업계획서가 중요할까요?

우리가 무언가를 해보고 싶다는 생각이 들 때, 그저 머릿속에만 두면 아무 일도 일어나지 않습니다. 하지만 그 생각을 글로 정리하고, 구체적인 계획으로 바꾸는 순간, 그것은 '현실이 될 수 있는 일'이 됩니다. 바로 그 과정을 가능하게 해주는 것이 사업계획서입니다.

2 사업계획서는 '생각을 현실로 바꾸는 지도'입니다.

세준이는 처음에 그저 "학교폭력을 줄일 수 있는 앱이 있으면 좋겠다."라는 마음에서 출발했습니다. 하지만 그 마음을 구체적인 앱 아이디어로 발전시키고, 기능을 정리하고, 개발 계획을 세우면서 하나의 실현 가능한 프로젝트로 성장시켰습니다.

그리고 그 중심에는 언제나 '사업계획서'가 있었습니다. 계획서를 쓰면서 무엇을 먼저 해야 할지, 어떤 문제가 생길 수 있을지 스스로 고민하게 되었고, 자연스럽게 실행 방향도 잡을 수 있었습니다. 사업계획서는 단순한 문서가 아니라, 내가 하고 싶은 일을 실제로 해내는 과정에서 꼭 필요한 도구입니다.

3 나 자신과 타인을 설득하는 힘이 있습니다.

사업 아이디어가 아무리 좋아도, 말로만 설명하면 전달력이 약할 수 있습니다. 특히 투자자나 선생님, 친구들에게 내 아이디어를 설명할 때는 더욱 그렇습니다. 세준이도 처음에는 이안 앞에서 긴장했지만, SMART 목표 설정이나 SWOT 분석을 통해 정리한 내용을 보여주자, 이안이 "실현 가능한 프로젝트로 구체화된 것 같아요."라고 말했습니다.

계획서가 있다는 것은 내가 충분히 고민했고, 실행할 준비가 되었다는 증거입니다. 이건 나 자신에게도 큰 자신감을 줍니다.

4 문제를 미리 발견하고, 미리 준비하는 도구입니다.

모든 사업에는 예상하지 못한 장애물이 나타날 수 있습니다. 예를 들면, 세준이 개발한 앱에는 '개인정보 보호' 문제가 있었습니다. 민감한 신고 내용과 GPS 정보를 어떻게 안전하게 지킬 것인지 고민해야 했습니다.

사업계획서에서는 단순히 문제를 적는 것에서 그치지 않습니다. 문제를 예상하고, 어떻게 해결할지를 함께 쓰는 것이 중요합니다. 예를 들어 "이중 인증 시스템 도입", "AI 분석에 필요한 데이터 암호화"와 같은 식으로 말입니다. 계획서는 문제를 피하지 않고, 직면하고 대응할 수 있도록 도와주는 도구입니다.

5 목표를 명확히 하고, 나만의 비전을 세울 수 있습니다.

사업계획서를 쓰면 "나는 왜 이 일을 하려는가?"를 되묻게 됩니다. 세준이도 처음에는 막연히 좋은 일이라는 생각만 있었지만, 사업 목표를 SMART 방식으로 정리하면서 "누구에게, 언제까지, 어떤 효과를 내야 할지"가 분명해졌습니다. 단순한 꿈이 아니라 도달 가능한 목표로 바뀌는 겁니다.

6 진짜 사업은 혼자 하지 않습니다.

사업계획서를 작성하면서 "내가 지금 갖고 있는 자원은 무엇인지, 어떤 팀원이 필요한지, 예산은 어느 정도인지"도 함께 정리해야 합니다. 이건 혼자만의 고민이 아닌, 함께할 사람들을 위한 준비이기도 합니다. 예를 들어, 앱 보안을 강화하기 위해선 '모바일 보안 기술자'가 필요하고, 학교에 앱을 도입하려면 설명회와 시연 자료도 필요합니다. 이런 항목을 계획서에 명시해두면, 다른 사람도 함께 준비할 수 있습니다.

7 판매와 홍보 전략도 구체화할 수 있습니다.

아이템이 좋아도, 아무도 모르면 아무도 사용하지 않습니다. 세준이는 학교 관리자에게 이메일로 제안서를 보내고, 예방 캠페인에서 앱을 소개하는 판매 및 홍보 전략을 세웠습니다. 계획서에 "어디서, 누구에게, 어떤 방식으로 판매하고 홍보할 것인지"를 쓰면, 아이디어가 실제 사회와 연결될 준비가 되었다는 의미가 됩니다.

8 진심이 담긴 계획서는 마음을 움직입니다.

세준이의 앱은 단순한 기술이 아니라, 누군가의 고통에 공감하고 도와주고 싶다는 마음에서 출발했습니다. 그런 진심이 담긴 사업계획서는 사람들에게 감동을 주고, 같이 움직이게 만드는 힘을 가집니다.

사업계획서를 쓴다는 것은 단순히 한 장짜리 문서를 만드는 게 아닙니다. 나의 마음과 전략, 그리고 미래를 담는 그릇을 만드는 일입니다. 여러분도 여러분만의 꿈과 아이디어가 있다면, 사업계획서를 꼭 한번 써보시는 것을 추천합니다. 그것이 바로 세상과 연결되는 첫 번째 발걸음입니다.

부록

3장 제품을 위한 시장 조사를 해봐요!

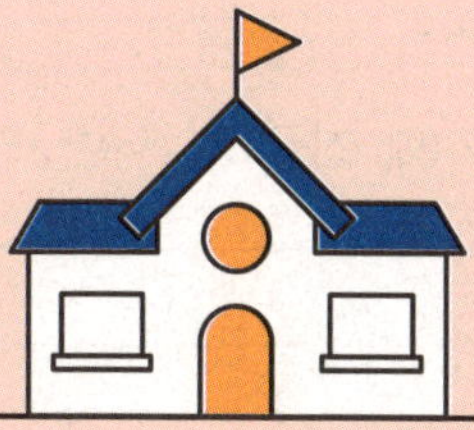

부록

3장 제품을 위한 시장 조사를 해봐요!

시장 조사 활동지: 내 아이템이 사람들에게 통할까?

이 활동지는 내가 생각한 아이템이나 서비스가 실제로 다른 사람들에게도 필요한지, 관심이 있는지를 알아보기 위한 시장 조사 활동지입니다. 다양한 사람들에게 질문하고, 그 반응을 통해 내 아이템의 방향을 조정해 보세요.

1. 내 아이템 소개하기

① 내가 생각한 아이템(또는 서비스)의 이름은? ______________________

② 무엇을 위한 아이템인가요? ______________________

③ 누가 이걸 사용할까요? (예: 초등학생, 어른, 선생님 등) ______________________

④ 이 아이템의 가장 특별한 점은 무엇인가요?

____

____

2. 누구에게 조사할까요?

① 나의 목표 고객은 누구인가요? ______________________

② 이번 조사에서 만날 사람은? (예: 친구 5명, 어른 2명, 선생님 1명 등)

____

____

3. 내가 할 질문은?

① 이 아이템을 들어본 느낌은 어때요?

② 당신에게 필요하다고 느껴지나요? (예/아니오) 그 이유는?

③ 사용한다면 어떤 점이 좋을 것 같아요?

④ 어떤 점을 바꾸면 더 좋을까요?

⑤ 이 아이템을 친구에게 추천하고 싶은가요? (예/아니오) 이유는?

4. 조사 결과 요약하기

① 총 몇 명에게 조사했나요? ______명

② "필요하다"고 대답한 사람은 몇 명인가요? ______명

③ 공통적으로 좋다고 한 점은?

④ 바꾸면 좋겠다고 한 점은?

⑤ 조사 결과, 내 아이템은 어떤 점이 강점이고 어떤 점을 보완해야 할까요?

부록

4장 바이브 코딩으로 웹서비스를 만들어봐요!

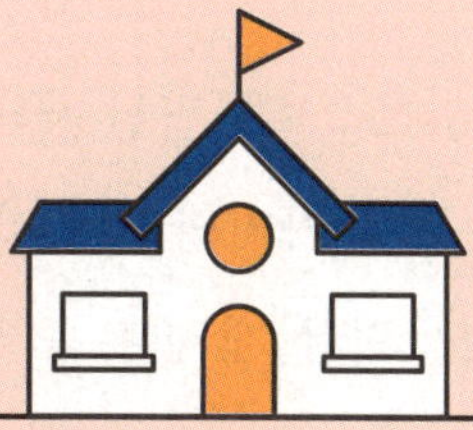

부록 4장 바이브 코딩으로 웹서비스를 만들어봐요!

1 바이브 코딩이란?

바이브 코딩(Vibe Coding)은 전통적인 프로그래밍 언어를 깊이 학습하지 않고도 AI를 통해 빠르게 디지털 서비스를 만들 수 있는 새로운 개발 방식입니다. 마치 레고 블록을 조립하듯이 누군가 미리 만들어 놓은 기능 모듈들을 조합해서 웹사이트나 앱을 만드는 것입니다. 바이브 코딩의 핵심은 '기술이 아닌 아이디어'에 좀 더 집중하는 것입니다. 복잡한 코딩 구현 때문에 머리를 싸매는 것보다, 실 사용자들이 진짜 원하는 것이 무엇인지 파악하고, 그것을 가장 빠르고 직관적인 방법으로 구현하는 데 에너지를 쏟는 '기획'이 무엇보다 중요합니다.

2 바이브 코딩의 3가지 핵심 원칙

① **빠른 실행(Speed over Perfection):** 완벽한 서비스를 위해 출시일이 늦어지는 것보다, 70%의 완성도만 가지더라도 서비스를 빠르게 출시하는 것이 더 좋습니다. 사용자들의 실제 반응을 통해 점점 나의 서비스를 완성시켜 나가는 것입니다.

② **사용자 중심 사고(User-Fisrt-Mindset):** 얼마나 코드가 완벽한지보다, 사용자가 쉽고 편리하게 이용하는지가 더 중요합니다. 항상 사용자들이 겪고 있는 문제를 '해결'해주는 것에 집중하세요!

③ **반복적 개선(Iterative Development):** 작은 버전을 계속 출시하면서 사용자 피드백을 받아 점진적으로 발전시켜 나갑니다. 이는 실패의 위험을 줄이고, 변화에 빠르게 대응할 수 있습니다.

3 바이브 코딩 시 사용 가능한 도구 모음

구분	도구	로고	용도
기획/디자인	Figma		UX/UI 디자인
	Notion		프로젝트 관리 및 문서화
	Canva		로고, 배너 제작
개발 플랫폼	Bubble		웹앱 개발
	Glide		모바일 앱 개발
	Webflow		웹사이트 제작

호스팅/배포	Netlify	netlify	무료 웹호스팅
	Firebase	Firebase	백엔드 서비스
	GitHub Pages	GitHub	정적 사이트 호스팅

4 바이브 코딩을 학습할 수 있는 곳

유튜브	조코딩		코딩을 모르는 사람들이 쉽게 코딩 신기술을 이해할 수 있도록 설명
	생활코딩		프론트앤드, 백앤드 코딩의 제일 기초적인 지식 무료로 수강 가능
	노마드 코더		최신 신기술과 관련된 AI, 코드 툴, 서버 등을 알려줌
온라인 강의	인프런	inf learn	프로그래밍뿐만 아니라 AI 개발, AI 활용, 기획 경영 마케팅 등 다방면의 인터넷 무료 및 유료 강의 제공
	유데미	udemy	인프런과 비슷한 다방면의 인터넷 무료 및 유료 강의 제공

부록

5장 나만의 마케팅 계획서를 작성해봐요!

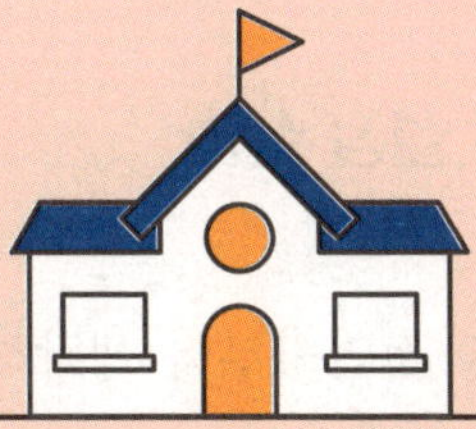

부록 5장 나만의 마케팅 계획서를 작성해봐요!

1 왜 마케팅이 중요한가?

아무리 좋은 아이템이라도 사람들이 모르면 절대 사용되지 않습니다. 즉, 제품을 만든다고 해서 자동으로 성공하는 것은 아닙니다. 그래서 사람들에게 널리 알리는 일도 창업의 중요한 일부입니다.

세준과 민재가 만든 '캐치급식' 앱도 처음에는 거의 사용되지 않았습니다. 그 이유는 학생들과 선생님이 이 앱의 존재를 몰랐기 때문입니다. 하지만 사용자층을 다시 생각하고, 학생들이 자주 보는 SNS에 짧고 재미있는 영상을 올리자 관심과 다운로드가 크게 늘었습니다. 이처럼 좋은 아이템을 알리는 것, 그리고 사람들의 마음을 움직이는 일도 창업의 중요한 과정이라는 것을 꼭 기억합시다.

⇨ 한마디로 정리하자면, 기술은 시작이고, 마케팅은 생존입니다!

2 핵심 사용자 타깃 설정 실습

어떤 아이템이든 누가 쓸 것인지부터 생각하는 게 아주 중요합니다. 그걸 '타깃(Target)'이라고 합니다. 그리고 그 사람들에게 어떻게 알릴지 방법을 정하는 것을 '전달 전략'이라고 합니다.

타깃	원하는 것(왜 필요할까?)	전달 방법 예시(어떻게 알릴까?)
학생	편하고 재밌는 게 좋아요.	짧고 웃긴 영상, 밈으로 만든 콘텐츠
선생님	질서 있게 운영하고, 시간 아끼고 싶어요.	숫자나 그래프가 담긴 자료, 회의 시간에 나누는 보고서
학부모	아이가 안전하고 믿을 만한 시스템이 좋아요.	가정통신문, 이메일 같은 공신력 있는 안내문
교육청	정책 효과가 있는지, 다른 학교에도 적용할 수 있는지 보고 싶어요.	설문 결과, 실제 사용 사례를 정리한 리포트

3 효과적인 마케팅, 이렇게 해봅시다!

① 사용자 언어로 말해요!

사람들은 복잡하고 어려운 말보다는, 자기 또래 친구들이 평소에 쓰는 말을 들을 때 더 관심을 가집니다. "우리 학교도 이거 해줘요!" 이런 말은 공감도 되고 친구에게 보내기도 쉽습니다.

⇨ 너무 딱딱한 설명 말고, 친근한 말로 표현해 봅시다!

② 짧고 강하게 보여주세요!

요즘 친구들은 긴 영상보다 15~30초 안에 끝나는 짧은 영상을 더 좋아합니다. 그리고 정보만 있는 것보다, 웃기거나 감동적인 이야기가 들어가면 더 오래 기억됩니다.

⇨ 짧고 임팩트 있는 내용으로 만들면 좋습니다!

③ 해시태그와 챌린지를 활용해요!

사람들이 SNS에서 콘텐츠를 더 많이 보게 하려면 해시태그(#)나 챌린지를 이용하는 것도 좋은 방법입니다. 예를 들어, #우리학교급식변신중, #급식줄탈출 등과 같은 태그를 달면 같은 관심을 가진 친구들이 쉽게 찾아볼 수 있습니다.

⇨ 챌린지를 만들어 친구들이 참여하게 해봅시다!

④ 친구가 친구에게 알리게 해요!

가장 강력한 홍보는 광고가 아니라, 친구가 친구에게 직접 말해주는 것입니다. "이거 진짜 괜찮아. 너도 해봐!" 말 한마디가 광고 100개보다 더 큰 효과를 냅니다.

⇨ 입소문이 바로 최고의 마케팅입니다!

4 교사·학부모·교육청 설득 전략

사람마다 설득하는 말투가 달라요.

내가 만든 아이템을 많은 사람에게 알리려면, 그 사람이 중요하게 생각하는 것이 무엇인지 먼저 생각하는 것이 중요합니다. 같은 말이라도 누구에게 말하느냐에 따라 말하는 방식이 달라져야 하기 때문입니다.

예를 들어, 선생님에게는 숫자나 그래프를 보여주며 "혼잡도가 얼마나 줄었는지", "관리 효율이 얼마나 높아졌는지" 등을 설명하는 것이 더욱 설득력 있습니다. 학부모님에게는 "아이 표정이 밝아졌어요", "스트레스를 덜 받아요"와 같은 감정과 안전 중심의 이야기가 더 효과적입니다. 교육청에는 "다른 학교에서 먼저 써봤어요", "이건 제안서예요"처럼 시범 운영 사례와 정리된 자료가 필요합니다. 이처럼 사람마다 관심 포인트가 다르기 때문에,

말하는 방식도 그에 맞춰 바뀌어야 합니다.

누구에게 말하느냐에 따라, 설득의 언어도 달라져야 한다는 것, 꼭 기억합시다!

⇨ 같은 제품도, 누구에게 말하느냐에 따라 메시지가 달라야 합니다.

| 카드뉴스 예시 |

학생

교사

학부모

교육청

5 도전 미션: 나만의 마케팅 플랜 짜기

내가 만든 아이템을 많은 사람들에게 효과적으로 알리기 위한 나만의 마케팅 계획을 세워 봅시다!

① 내 아이템은 무엇인가요?

② 누가 사용할까요? (3가지 사용자군을 적어보세요)

③ 각각의 사용자에게 어떻게 알릴까요?

④ SNS 콘텐츠 제목이나 아이디어를 하나 적어보세요.

⑤ 숫자나 증거로 설득할 수 있는 포인트는 무엇인가요?

____

____

____

마지막으로 기억합시다.

"좋은 제품을 만드는 것이 창업의 절반이라면,

사람들의 마음을 움직이는 마케팅은 나머지 절반입니다."

부록

6장 수익 모델을 설계해봐요!

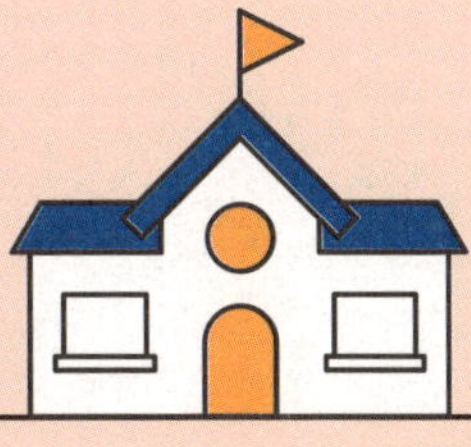

부록

6장 수익 모델을 설계해봐요!

1 수익 모델설계

① 수익 모델 설계 워크시트

수익 모델 설계 워크시트

세준이의 고민: "학생들에게 부담을 주지 않으면서도 서비스를 지속할 수 있는 방법이 뭘까?" 캐치급식팀이 고민했던 것처럼, 고객과 수익성의 균형점을 찾아보세요!

현재 우리 서비스/제품

예: 학교 급식 예약 앱

주요 고객층

예: 중·고등학생, 학부모, 학교 관계자

② 수익 모델 아이디어 브레인스토밍

🎯 **광고 모델**

어떤 종류의 광고가 적합할까요?

예: 교육 관련 광고, 건강식품 광고, 학용품 광고 등

고객 피로도를 줄이는 방법

예: 교육적 콘텐츠 포함, 광고 노출 횟수 제한, 스킵 기능 제공

💎 **프리미엄 모델**

무료 기능 vs 유료 기능

예: 기본 예약(무료), 맞춤 추천·통계(유료)

유료 전환 동기

고객이 돈을 내고 싶어할 만큼 가치 있는 기능은?

🤝 **파트너십 모델**

협력 가능한 기업/기관

예: 식품회사, 교육청, 영양사협회, 급식업체

상호 이익 방안

파트너사와 윈-윈할 수 있는 협력 방안은?

📊 **데이터 모델**

수집 가능한 데이터

예: 메뉴 선호도, 이용 패턴, 만족도 조사 결과

데이터 활용 방안

수집한 데이터로 누구에게 어떤 가치를 제공할 수 있을까?

③ 최종 선택한 수익 모델

위에서 검토한 모델 중 우리 상황에 가장 적합한 것은 무엇인가요? 그리고 그 이유는 무엇인가요?

2 경쟁사 분석 템플릿

💡 **민재의 깨달음:** "대기업이라고 다 이기는 건 아니야. 우리만의 강점을 찾아서 차별화하면 돼!" 스쿨런치플랜, 맛있는학교 같은 경쟁사를 분석하며 찾은 인사이트를 활용해보세요.

① 경쟁사 현황 파악(공간 부족 시 경쟁사 A, B만 해도 괜찮음)

항목	우리 서비스	경쟁사 A	경쟁사 B	경쟁사 C
서비스명	우리 서비스명	경쟁사명	경쟁사명	경쟁사명
주요 기능	핵심 기능들	핵심 기능들	핵심 기능들	핵심 기능들
가격/수익 모델	무료/유료/광고	무료/유료/광고	무료/유료/광고	무료/유료/광고
사용자 규모	추정 사용자 수	추정 사용자 수	추정 사용자 수	추정 사용자 수
주요 강점	우리의 강점	경쟁사 강점	경쟁사 강점	경쟁사 강점
약점/한계	개선 필요 부분	경쟁사 약점	경쟁사 약점	경쟁사 약점

② SWOT 분석

STRENGTHS (강점)

우리만의 강점은 무엇인가요?
예: 빠른 피드백 반영, 학생 밀착 서비스, 가격 경쟁력

WEAKNESSES (약점)

개선이 필요한 부분은?
예: 자금 부족, 기술력 한계, 인력 부족

OPPORTUNITIES (기회)	THREATS (위협)
활용할 수 있는 기회는? 예: 시장 성장, 정부 지원, 새로운 니즈 발생	경계해야 할 위협 요소는? 예: 대기업 진입, 규제 강화, 경쟁 심화

③ 차별화 포인트(우리만의 무기)

경쟁사 분석 결과, 우리가 집중해야 할 차별화 포인트는 무엇인가요? 세준이와 민재처럼 '학생들과 직접 소통하는 것'이 우리만의 강점일 수 있습니다.

___

___

④ 경쟁 전략

분석 결과를 바탕으로 어떤 전략을 취할 것인가요?

1) 직접 경쟁, 2) 틈새 시장 공략, 3) 새로운 가치 제안, 4) 협력/제휴

___

___

부록

7장 당당하고 설득력 있게 발표해봐요!

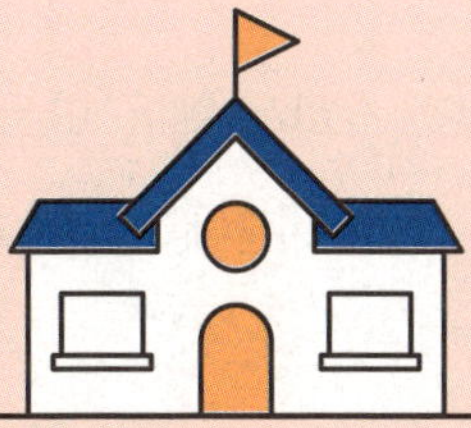

부록 7장 당당하고 설득력 있게 발표해봐요!

1 피칭 스킬 마스터하기

① 첫 인상을 좌우하는 오프닝 멘트 작성법

- 좋은 오프닝의 특징
  - 문제를 구체적으로 제시
  - 청중과의 공감대 형성
  - 자신감 있는 목소리 톤
- 오프닝 템플릿

> "안녕하세요, [팀명] 팀입니다.
> 혹시 [상황]을 경험해보신 적 있나요?
> 저희는 이 문제를 [해결방법]으로 해결했습니다."

- 세준&민재 사례 분석
  - 나쁜 예: "안녕하세요, 저희는 앱을 만들었습니다."
  - 좋은 예: "학생들이 점심시간에 길게 줄서는 문제를 해결하겠다는 작은 열정으로 시작했습니다."

② 긴장 극복을 위한 5가지 실전 팁

- 발표 전 준비
  - 심호흡 3-3-3 기법: 3초 들이마시고, 3초 멈추고, 3초 내쉬기
  - 파워 포즈: 어깨를 펴고 2분간 자신감 있는 자세 유지
  - 긍정적 셀프토크: "나는 충분히 준비했다.", "우리 아이디어는 가치 있다!"
- 발표 중 실행
  - 한 명씩 시선 맞추기: 심사위원 한 명과 3초씩 눈맞춤
  - 실수 시 대처법: "죄송합니다, 다시 말씀드리겠습니다." 후 침착하게 계속

③ 예상치 못한 질문 대처법

- 당황스러운 질문 받았을 때
  - 시간 벌기: "좋은 질문입니다. 잠시 생각해보겠습니다."
  - 솔직하게 인정: "현재로서는 완벽한 답을 드릴 수 없지만…"
  - 관련 경험 연결: "비슷한 상황에서 저희는 이렇게 해결했습니다."
  - 향후 계획 제시: "이 부분은 다음 단계에서 중점적으로 검토할 예정입니다."

2 사업 확장 전략 워크북

① 기존 서비스에서 새 아이디어 도출하는 방법

- 확장 아이디어 발굴 프로세스
  - Step 1: 핵심 기능 분석
    현재 서비스의 핵심 가치는?

어떤 기술/노하우를 보유하고 있나?

사용자들이 가장 만족하는 부분은?

- Step 2: 유사 문제 찾기

같은 패턴의 문제가 다른 분야에도 있는가?

우리 기술로 해결할 수 있는 다른 불편함은?

현재 사용자들이 추가로 원하는 기능은?

• 캐치급식 → 시설예약 확장 사례

핵심 기능: 예약 시스템, 대기열 관리

↓

유사 문제: 체육관, 시청각실 예약 혼선

↓

확장 아이디어: 학교 시설 통합 예약 시스템

② 시장 확장 가능성 평가 체크리스트

• 확장성 평가 기준

평가 항목	점수(1~5점)	평가 내용
기술직 실현가능성	____ 점	현재 기술로 구현 가능한가?
시장 크기	____ 점	잠재 사용자 규모는 충분한가?
경쟁 상황	____ 점	기존 경쟁사 대비 차별화 가능한가?
수익성	____ 점	지속 가능한 수익 모델이 있는가?
팀 역량	____ 점	현재 팀으로 실행 가능한가?

• 총점 평가

- 20~25점: 즉시 추진 권장

- 15~19점: 보완 후 추진

- 10~14점: 신중한 검토 필요
- 10점 미만: 다른 아이디어 검토

③ B2B vs B2C 모델 선택 가이드

• B2B 모델(Business to Business)

장점	• 안정적인 수익 구조 • 큰 규모의 계약 가능 • 장기적 파트너십 구축
단점	• 의사결정 과정이 복잡 • 초기 영업 비용 높음 • 계약 성사까지 시간 소요
적합한 경우	• 기관/단체 대상 서비스 • 높은 보안/안정성 요구 • 맞춤형 솔루션 필요

• B2C 모델(Business to Consumer)

장점	• 빠른 시장 진입 가능 • 직접적인 사용자 피드백 • 바이럴 마케팅 효과
단점	• 개별 거래 규모 작음 • 사용자 확보 경쟁 치열 • 지속적인 마케팅 비용
적합한 경우	• 개인 사용자 대상 • 간편한 사용성 중요 • 네트워크 효과 기대

④ 단계별 확장 로드맵 작성법

확장 로드맵 템플릿

- Phase 1: 기반 구축(1~3개월)
  - 현재 서비스 안정화
  - 사용자 데이터 축적
  - 팀 역량 강화
  - 시장 조사 완료
- Phase 2: 시범 확장(4~6개월)
  - 새 기능 베타 테스트
  - 파일럿 고객 확보
  - 피드백 수집 및 개선
  - 수익 모델 검증
- Phase 3: 본격 확장(7~12개월)
  - 정식 서비스 출시
  - 마케팅 본격 시작
  - 파트너십 구축
  - 투자 유치 검토

실전 팁 및 체크포인트

① 성공하는 피칭의 핵심

- 스토리텔링: 데이터가 아닌 이야기로 감동시키기
- 진정성: 완벽함보다는 진심 어린 열정 보여주기
- 차별화: “우리만이 할 수 있는 것” 명확히 전달
- 실행력: 아이디어가 아닌 실제 해결한 경험 강조

② 피해야 할 실수들

- 기술 용어 남발하기
- 완벽주의에 빠지기
- 경쟁사 폄하하기
- 과장된 시장 전망 제시

“완벽한 계획보다는 실행하며 배우는 자세가 더 중요합니다.
실패를 두려워하지 말고, 그 과정에서 얻은 교훈을
여러분만의 강력한 무기로 만들어보세요!”

부록

8장 기업가정신을 실현해봐요!

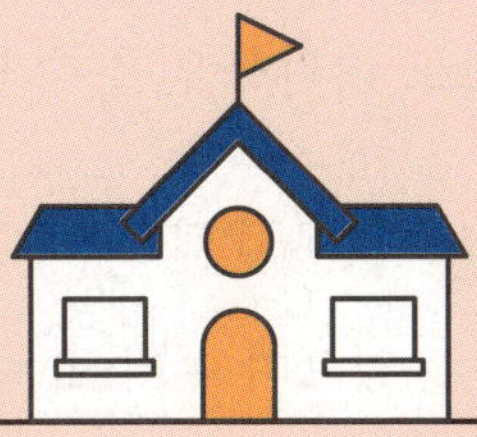

부록

8장 기업가정신을 실현해봐요!

1 청소년 창업 관련 방문해봐야 할 사이트

① 창업지원포털(https://www.k-startup.go.kr/)

정부가 운영하는 창업 지원 통합 플랫폼으로 하나 곳에서 다양한 창업 지원사업, 대회, 멘토링 정보를 쉽게 찾아볼 수 있습니다. 청소년 대상 프로그램 포함 폭넓은 지원 사업을 안내하고 최신 대회 및 공모전 정보 실시간 업데이트, 창업교육, 투자, 멘토링까지 원스톱 서비스를 제공합니다.

② 온라인 창업체험교육 플랫폼(www.yeep.go.kr)

가상창업체험 활동 및 모의 IR 멘토링, 창업가정신 핵심 역량 진단 등 창업 전 다양한 활동을 해볼 수 있습니다. 소설 속 민재와 세준이가 사업 계획서도 만들고 시장 조사도 가상으로 해봤던 사이트입니다. 청소년 창업 경진 대회 정보도 여기서 얻을 수 있었습니다.

③ 아산기업가정신 스쿨(https://asanschool.org/)

기업가정신에 대해 알 수 있으며 여러 교육자료가 있습니다. 기업과 정신과 관련해서 https://event-us.kr/marutour/event에 여러 교육이나 특강, 행사 정보가 있습니다.

④ 창업진흥원(https://www.kised.or.kr)

청소년 창업 지원 정책, 창업 교육, 경진대회 정보 등 제공하고 있으며 다양한 창업 프로그램과 지원사업이 안내되어 있습니다. 창업 기초부터 심화 과정까지 단계별 교육 콘텐츠를 제공하고 있습니다. 창업 지원 사업 신청과 접수가 가능합니다.

⑤ 중소벤처기업부(https://www.mss.go.kr)

청년·청소년 창업 관련 정부 정책 및 지원 사업 소개하고 창업 교육 및 자금 지원 안내하는 정부 부처 홈페이지입니다. 창업 관련한 여러 통계자료 등이 제공되어 있습니다.

⑥ 각 지역 청소년 수련관/창업센터 홈페이지

지역별 청소년 창업 캠프 및 멘토링 프로그램 공지, 청소년 창업 동아리 및 네트워킹 지원, 공간 지원 등을 하고 있습니다. 살고 있는 지역에서 찾아봅시다. (예시: 경기스타트업 플랫폼, https://www.gsp.or.kr/)

⑦ 한국기업가정신재단(https://www.kef.kr/)

스타트업 기업에 대한 스토리들이 담겨 있습니다.

2 내가 도전할 수 있는 창업 관련 청소년 창업 공모전

① 대한민국 청소년 창업 경진대회

- 참가자격: 전국 초중고등학교 및 학교 밖 청소년 창업 동아리
- 시상규모: 대상 상금 200만 원 등
- 운영시기: 홈페이지 확인

- 운영방법: 예선1 시도별 예선(각 시도 교육청 심사)
  예선2 전국 단위 예선(한국기업가정신재단 실시)
  사업계획 발표 PPT 제출
  결선1(온라인) 온라인 발표 심사(실시간 사업설명회 및 인터뷰 평가)
  결선2(오프라인) 오프라인 부서 운영 심시위원 대면 평가)
- 추가정보는 https://yeep.go.kr 사이트의 공지사항 참고

② 기업가정신 콘텐츠 공모전

- 공모주제: 기업가정신에 대한 경험과 생각을 담은 모든 주제
  예시) 기업가정신을 모든 국민에게 알릴 수 있는 아이디어
  창업교육 프로그램 및 행사 참여 사례
  내 삶에 영향을 끼친 창업가 이야기 등
- 공모대상: 기업가정신에 관심있는 대한민국 국민 누구나
  청소년부의 경우 만 13세 이상~만 19세 미만
- 공모분야: 수기, 영상, 웹툰
- 접수방법: 공모전 홈페이지 온라인 접수(www.기업가정신콘텐츠.com)
- 문의처: 운영사무국(033-651-4500)

③ 학생 창업유망팀 U300+(https://www.u300.kr/)

- 대회취지: 기업가정신을 갖춘 준비된 창업가형 인재발굴 및 육성을 위하여 대한민국 모든 학생을 대상으로 성장 단계별 창업 교육 중심의 학생 창업팀 선발
- 지원자격: 초 · 중 · 고등학생, 학교밖청소년, 대학교 재학생, 휴학생, 군휴학생, 직장생활을 하고 있는 대학원생, 석박사 수료생 등 모두 참여 가능
- 트랙설명: 일반트랙, 성장트랙A, 성장트랙B 중 학생이 도전해볼 수

있는 성장트랙A 추천

• 성장트랙A는 추천 창업역량 고도화 과정을 통해 실전창업팀으로서의 성장을 희망하는 학생창업팀을 대상으로 함

※ 그 외에도 지역에서 하는 청소년 창업 대회들이 있습니다. 포털 사이트 검색을 통해 지역의 청소년 창업 대회들을 찾아봅시다. 전 세계로 확장해서 생각해보자면, 델라웨어 대학교에서 주최하는 다이아몬드 챌린지라는 대회도 있습니다. 사업 혁신, 사회적 혁신 등을 목적으로 하고 있으며, 고등학생이 출전할 수 있으니 미리 준비해 보는 건 어떨까요? (https://diamondchallenge.org/competition/)

3 기업가정신이 흔들릴 때, 마음에 새겨둘 시

팬케이크를 반죽해요

- 크리스티나 로제티

팬케이크를 반죽해요.
부지런히 저어요.

팬 위에 올리고는
한쪽 면을 익혀요.
재빨리 뒤집어요.
할 수만 있다면!
세상도 뒤집어보고 싶어요.

나만 알고 싶은 창업 끝판왕: 초·중등편

초판발행 2025년 9월 10일

지은이 박준형·김가현·박소라·윤상수·이광수
이지나·이진영·정은효·정동완·이진숙

펴낸이 노 현

편 집 이혜미
기획/마케팅 이선경
표지디자인 이은지
제 작 고철민·김원표

펴낸곳 ㈜피와이메이트
서울특별시 금천구 가산디지털2로 53, 210호(가산동, 한라시그마밸리)
등록 2014.2.12. 제2018-000080호
전 화 02)733-6771
f a x 02)736-4818
e-mail pys@pybook.co.kr
homepage www.pybook.co.kr
ISBN 979-11-7279-139-1 13320

정 가 23,000원

박영스토리는 박영사와 함께하는 브랜드입니다.